12운성을 알면 사주가 보인다

12운성의 정확하고 명쾌한 해석

12운성을 알면 사주가 보인다

法性 정기택 지음

좋은땅

서문(序文)

사주(四柱) 여덟 글자가 주어지면 대부분의 사람들은 이 사주(四柱)의 격(格)이 어떻고 용신(用神)이 무엇인지를 찾기 바쁘다.

사주(四柱)를 보고 과연 이 사람은 어떤 삶을 살아갈까, 아니면 어떤 삶을 살아왔을까를 한눈에 알 수는 없을까?

몇십 년을 사주(四柱) 공부를 해 왔는데 패나 오랫동안 풀리지 않는 숙제였다. 12운성(十二運星)을 알기 전까지는…

나이 60을 넘기면서 갑자기 12운성(十二運星)이 궁금해졌다.
그리고 궁리(窮理)를 계속했다.

어느 날 어렴풋이 모습을 드러낸다.
유레카는 아니지만 즐거운 것은 사실이었다.

12운성(十二運星)은 사실 그 이름에서 모든 것을 말하고 있었다.
그러면서 많은 사람들이 놓치고 있는 것이 있었으니…

동양 사상(東洋思想)의 기본은 음양(陰陽)이고 음(陰)이 차면 양(陽)으로, 양(陽)이 차면 음(陰)으로 흐르는 음양(陰陽)의 흐름을 12운성(十二運星)에서는 왜 여태껏 보지 못하고 있었는가?

12운성(十二運星)의 시작이 인간이 태어나면서부터 삶이 시작되니 장생(長生)이라는 이름에서 시작될 것이라는 잘못 끼워진 첫 번째 단추
그리하여 잘못 그려지는 12운성(十二運星)의 이상한 그래프들

당연하게도 12운성(十二運星)이 천간(天干)의 힘의 세기(勢氣)를 나타낼 것이라는 말이 많이 있는데 이는 누가 보아도 설명이 합리적이지 않은데

12운성(十二運星)의 각 단계(段階)가 의미(意味)하는 바가 무엇이고, 무시무시한 이름의 쇠(衰), 병(病), 사(死), 묘(墓), 절(絶) 태(胎)가 어떻게 양(養), 장생(長生), 목욕(沐浴), 관대(冠帶), 건록(建祿), 제왕(帝旺)과 이어지는지

이를 알고 나면 천간(天干)과 지지(地支)의 관계성(關係性)을 알게 되고 그리하여 우리는 사주(四柱) 여덟 글자에 모습을 드러내지 않은 나머지 십성(十星)까지 인종법(引從法)으로 가져오면 이 사람의 삶의 이야기를 펼칠 수가 있다.

이렇게 펼치는 것이 관계론(關係論)이다.
이제부터는 사주를 바라보는 패러다임이 바뀌길 기대한다.

많은 논문(論文)과 학설(學說)에서는 아직 12운성(十二運星)을 정확하게 파악(把握)하지 못하고 있다.

추후의 12운성(十二運星)의 발전(發展)은 온전히 후학(後學)들의 몫이다.

2025년 여름
法性 정기택

목차(目次)

서문(序文) ··· 05

1. 12운성(運星)의 개요(概要)

1-1. 12운성(運星)이란? ··· 14
1-2. 12운성표(運星表)와 외우기 ··· 19
1-3. 현재까지의 12운성(運星)에 대한 해석 ··· 26
1-4. 12운성(運星)에 의한 사주의 해석 ··· 29

2. 12운성(運星)에 대한 몇 가지 오해들

2-1. 12운성(運星)에 대한 첫 번째 오해 - 천간(天干)의 힘의 세기 ··· 36
2-2. 12운성(運星)에 대한 두 번째 오해 - 12운성의 음양 ··· 38
2-3. 12운성(運星)에 대한 세 번째 오해 - 양간과 음간 ··· 40
2-4. 12운성(運星)에 대한 네 번째 오해 - 단계별 이름 ··· 42

3. 12운성(運星)의 새로운 탐구(1)

3-1. 12운성(運星)의 음양(陰陽) ··· 46
3-2. 양적 영역(陽的領域)과 음적 영역(陰的領域)의 의미와 이해 ··· 49
3-3. 12단계별 특성과 의미 ··· 54
3-4. 각 단계별 정리 ··· 74
3-5. 각 단계별 일주(日柱)의 특성 ··· 77

4. 12운성(運星)의 새로운 탐구(2)

    4-1. 삼합(三合)과 12운성(運星)   ⋯ 96

    4-2. 인오술(寅午戌) 삼합(三合)   ⋯ 97

    4-3. 신자진(辛子辰) 삼합(三合)   ⋯ 99

    4-4. 해묘미(亥卯未) 삼합(三合)   ⋯ 101

    4-5. 사유축(巳酉丑) 삼합(三合)   ⋯ 103

    4-6. 삼합(三合)의 심층이해   ⋯ 105

    4-7. 생왕묘(生旺墓)와 병태대(病胎帶)   ⋯ 107

    4-8. 록사양(祿死養)과 절욕쇠(絶浴衰)   ⋯ 109

5. 12운성(運星)의 새로운 탐구(3)

    5-1. 일간(日干)이 지지(地支)에서 비견(比肩)을 만날 때   ⋯ 113

    5-2. 일간(日干)이 지지(地支)에서 겁재(劫財)를 만날 때   ⋯ 115

    5-3. 일간(日干)이 지지(地支)에서 식신(食神)을 만날 때   ⋯ 117

    5-4. 일간(日干)이 지지(地支)에서 상관(傷官)을 만날 때   ⋯ 119

    5-5. 일간(日干)이 지지(地支)에서 편재(偏財)를 만날 때   ⋯ 121

    5-6. 일간(日干)이 지지(地支)에서 정재(正財)를 만날 때   ⋯ 123

    5-7. 일간(日干)이 지지(地支)에서 편관(偏官)을 만날 때   ⋯ 125

    5-8. 일간(日干)이 지지(地支)에서 정관(正官)을 만날 때   ⋯ 127

    5-9. 일간(日干)이 지지(地支)에서 편인(偏印)을 만날 때   ⋯ 129

    5-10. 일간(日干)이 지지(地支)에서 정인(正印)을 만날 때   ⋯ 131

6. 12운성(運星)과 사주(四柱)의 해석

6-1. 사주 원국(四柱 原局)에서의 12운성(運星) 적용법 ··· 134

6-2. 원국(原局)에서의 12운성(運星) 분석 방법 ··· 174

6-3. 대운(大運)과 세운(歲運)에서의 12운성(運星) 적용법 ··· 191

7. 12운성(運星)에 대한 깔끔한 정리

7-1. 양포태(陽胞胎)와 음포태(陰胞胎) ··· 206

7-2. 양생음사(陽生陰死) 음생양사(陰生陽死) ··· 210

7-3. 화토동궁(火土同宮) 수토동궁(水土同宮) ··· 212

7-4. 12운성(運星)과 12신살(神殺) ··· 217

8. 12운성(運星)의 앞으로의 발전과 과제

8-1. 12운성(運星) 키워드의 재발견 ··· 222

8-2. 사주(四柱)를 보는 새로운 방법 - 관계론(關係論) ··· 226

9. 실제 사주의 분석 사례 - 12운성(運星)에 의한 관계론적(關係論的) 분석 방법

9-1. 비견만 있는 가상의 사주(四柱) ··· 231

9-2. 유명한 명리학자 스님의 사주 ··· 239

9-3. 세계적인 골프 여제 - 애니카 소렌스탐 ··· 249

9-4. 한국의 골프 여제 - 박인비 ··· 252

9-5. 세계적인 과학자 - 오펜하이머 ··· 255

9-6. 세계적인 과학자 - 파인만 … 258

9-7. 중국의 유명 바둑 선수 - 구리 … 261

9-8. 한국의 피아니스트 겸 지휘자 - 김선욱 … 264

9-9. 희대의 전과자 살인마 - 유○○ … 267

9-10. 조직 폭력배 두목 - 조○○ … 269

9-11. 세계적인 부호이자 기업인 - 빌 게이츠 … 272

9-12. 혁신의 아이콘 - 스티브 잡스 … 275

9-13. 한국의 기업인, 삼성그룹의 창업자 - 이병철 … 278

9-14. 한국이 낳은 세계적인 음악 프로듀서 - 방시혁 … 281

9-15. 대한민국의 가수이자 프로듀서 기업인 - 박진영 … 284

9-16. 할리우드 대표 명배우 - 알 파치노 … 287

9-17. 미국의 배우 겸 감독 프로듀서 정치인 - 클린트 이스트 우드 … 290

9-18. 생일이 같은 사주의 연예인 - 양정아, 박승수 … 293

9-19. 대한민국 가수 출신의 멀티 엔터테이너 - 이효리 … 296

9-20. 같은 사주 다른 삶 - 고이즈미와 스티븐 호킹 … 299

9-21. 털털하고 인간적인 방송인 - 홍진경 … 302

9-22. 간단하면서 특이한 사주 (四柱) - 나경원 … 305

9-23. 시대의 영웅 서민적 대통령 - 노무현 … 308

9-24. 세계에서 가장 빠른 사나이 - 우사인 볼트 … 311

9-25. 한국이 낳은 세계적인 가수 - 싸이 … 314

9-26. 트로트계의 불출세의 영웅 - 임영웅 … 317

9-27. 일본이 낳은 세계적인 야구선수 - 오타니 쇼헤이 … 320

9-28. 한국이 낳은 세계적인 피겨 여왕 - 김연아 … 323

9-29. 농구 천재 방송인 - 서장훈 … 326

9-30. 한국 최고의 여성 - 이길여 박사 … 329

후기(後記) … 332

1.

12운성(運星)의 개요(概要)

1-1.
12운성(運星)이란?

사주 해석에 있어서 아주 중요한 역할을 하는 십성(十星)은 사주의 꽃이라고도 불리고 있다. 십성(十星)이라고 하는 것은 木, 火, 土, 金, 水의 오행(五行)이 음양(陰陽)으로 나누어져서 양목(陽木), 음목(陰木), 양화(陽火), 음화(陰火), 양토(陽土), 음토(陰土), 양금(陽金), 음금(陰金), 양수(陽水), 음수(陰水)의 10개가 서로 만나게 되면 100가지의 경우가 생기는데 같은 성향을 10개씩 묶어서 비견(比肩), 겁재(劫財), 식신(食神), 상관(傷官), 편재(偏財), 정재(正財), 편관(扁官), 정관(正官), 편인(偏印), 정인(正印)의 10가지로 나눈 것을 십성(十星)이라고 한다.

이와 마찬가지로 10개의 천간(天干)이 12개의 지지(地支) 또는 계절을 만나면서 형성되는 관계가 120가지가 있는데 이를 같은 성향을 10개로 묶어 12단계로 나타내게 된다. 이 12단계의 이름을 인간(人間)이 태어나서 소멸(消滅)하는 과정(過程)에 비유하여 장생(長生), 목욕(沐浴), 관대(冠帶), 건록(建祿), 제왕(帝旺), 쇠(衰), 병(病), 사(死), 묘(墓), 절(節), 태(胎), 양(養)이라 명명하였다.

이로 미루어 보면 십성(十星)은 천간(天干)과 천간(天干), 천간(天干)과 지지(地支), 지지(地支)와 지지(地支)의 모든 관계가 성립이 되고 오행(五行)의 생극제화(生剋制化)에 바탕을 두고 있음을 알 수 있으며, 12운성(運星)이란 오로지 천간(天干)과 지지(地支)의 관계만을 나타내고 있으며 인간(人間)의 삶의 생사(生死)와 윤회(輪廻)의 과정에 빗대고 있다.

  이러한 12운성(運星)의 각 단계가 무엇을 의미하는지 하는 정확한 개념(概念)은 어느 고서(古書)에서도 없고 지금까지 오행(五行)의 생극제화(生剋制化)의 법칙(法則)에 어긋난다는 판단으로 무시되거나 그 중요성(重要性)이 간과되어 왔다.

  많은 명리학(命理學)의 강의에서 12운성(運星)의 중요성을 인정하고는 있으나 실제로 설명하는 단계에 들어가면 누구나 목소리가 작아지는 이유는 12운성(運星)에 대한 정확한 이해가 부족하기 때문으로 보인다. 가장 간단한 문제점을 이야기한다면 천간(天干)의 힘의 세기나 강약(强弱)을 12운성적으로 판단하려고 하는 것인데 천간(天干)의 힘의 세기는 십성적(十星的) 판단이나 오행(五行)의 왕상휴수사(旺相休囚死)의 관계에서 파악하는 것이지 12운성(運星)으로 천간(天干)의 힘의 세기나 강약(强弱)을 판단하는 것은 아니다.

  12운성(運星)은 천간(天干)과 지지(地支)의 관계를 서로 규정하는 것이다. 지지(地支)가 천간(天干)의 상태를 규정하기도 하지만 천간(天干)도 마찬가지로 지지(地支)의 상태를 규정하는 것이다. 이러한 규정을 단순히

12운성(運星)은 천간(天干)의 힘의 세기(世紀)를 규정한다고 하는 말은 처음부터 틀리게 해석하고 들어가는 것이다.

음양(陰陽)과 오행(五行)이 모든 동양철학(東洋哲學)의 기본이 되는데 12운성(運星)은 이러한 오행(五行)의 생극제화(生剋制化)의 법칙을 따르지 않기 때문에 고대(古代)로부터 현대(現代)에 이르기까지의 많은 명리학자(命理學者)들이 이를 적용하지 않거나 무시하는 경향이 있어 왔다. 그러나 천간(天干)의 합(合)이나 지지(地支)의 형충파해(刑沖破害) 등의 여러 관계에서 우리가 볼 수 있듯이 모든 간지(干支)의 관계가 오행(五行)의 생극제화(生剋制化)의 범위 안에 있는 것은 아니다.

쉬운 예를 들어 천간(天干)의 갑기합(甲己合)은 목극토(木剋土)의 관계인데 우리는 합(合)이라 부르고 지지(地支)의 자축합(子丑合)도 토극수(土剋水)의 관계인데 우리는 합(合)이라고 부른다. 이처럼 12운성(運星)의 갑자(甲子)의 관계도 수생목(水生木)의 관계이지만 우리는 목욕(沐浴)의 관계라고 부르고 계묘(癸卯)의 수생목(水生木)의 관계를 12운성적(運星的)으로는 생(生)의 관계라고 부르고 계유(癸酉)의 금생수(金生水)의 관계를 병(病)이라고 부르는 것이다.

그러나 12운성(運星)의 각 단계가 의미하는 것이 무엇인지 고대(古代)로부터 시작하여 현대(現代)에 이르기까지 정확하게 서술한 책은 없다. 특히 왕지(旺地) 이후의 쇠병사묘절태(衰病死墓絶胎) 단계는 그 이름의 무시무시함으로 더욱 기피하게 될 수도 있었다. 그리하여 몇몇의 명리가 들은 그 이름마저 바꾸려고 하는 노력도 하였다.

이처럼 12운성(運星)이란 천간(天干)과 지지(地支)의 관계를 규정하는 것으로 천간(天干)의 상태를 규정하기도 하지만 지지(地支)의 상태도 규정하기도 한다. 간단하게 예를 들어 보자면 천간(天干) 갑(甲)목이 지지(地支)에서 12개의 지지(地支)를 만나면서 상태가 달라지듯이 지지(地支) 자수(子水)도 10개의 천간(天干)을 만나면서 상태가 달라지게 된다.

아래에서 보듯이 갑(甲)목은 60갑자(甲子) 안에서 다른 6개의 지지(地支)를 만나게 된다.

갑(甲) 갑(甲) 갑(甲) 갑(甲) 갑(甲) 갑(甲)
자(子) 인(寅) 진(辰) 오(午) 신(申) 술(戌)

비록 같은 갑(甲)목이지만 지지(地支)에서 어떤 글자를 만나는가에 따라서 갑목은 판이하게 다른 성향을 띠게 된다. 이처럼 지지(地支)는 천간(天干)의 글자를 규정하게 된다.

다음에는 지지(地支) 자수(水)는 60갑자(甲子) 안에서 다른 5글자의 천간(天干)을 만나게 된다.

갑(甲) 병(丙) 무(戊) 경(庚) 임(壬)
자(子) 자(子) 자(子) 자(子) 자(子)

비록 같은 자수(子水)이지만 천간(天干)에서 어떤 글자를 만나는가에 따라서 자수(子水)는 판이하게 다른 성향을 띠게 된다. 이처럼 천간(天干)은 지지(地支)의 글자를 규정하게 된다.

60갑자(甲子) 안에서는 10개의 천간(天干)은 6개의 지지(地支)를 만나고 12개의 지지(地支)는 5개의 천간(天干)을 만나지만 사주(四柱) 안에서는 10개의 천간(天干)은 12개의 지지(地支)를 만나고 12개의 지지(地支)는 10개의 천간(天干)을 만나게 되어 모든 천간(天干)과 지지(地支)의 관계는 120개가 되며 이를 같은 작용을 하는 10개씩을 묶어서 12단계로 나눈 것을 12운성(運星)이라고 하는 것이다.

1-2.
12운성표(運星表)와 외우기

10개의 천간이 12개의 지지와 만남으로 생기는 12운성표(運星表)는 아래와 같다.

12운성표(運星表)

	甲	乙	丙	丁	戊	己	庚	辛	壬	癸
養	술	미	축	술	축	술	진	축	미	진
長生	해	오	인	유	인	유	사	자	신	묘
沐浴	자	사	묘	신	묘	신	오	해	유	인
冠帶	축	진	진	미	진	미	미	술	술	축
建祿	인	묘	사	오	사	오	신	유	해	자
帝旺	묘	인	오	사	오	사	유	신	자	해
衰	진	축	미	진	미	진	술	미	축	술
病	사	자	신	묘	신	묘	해	오	인	유
死	오	해	유	인	유	인	자	사	묘	긴
墓	미	술	술	축	술	축	축	진	진	미
絶	신	유	해	자	해	자	인	묘	사	오
胎	유	신	자	해	자	해	묘	인	오	사

이러한 12운성(運星)은 여러 가지 외우는 방법이 있으나 아래의 그림처럼 이해하게 되면 언제라도 쉽게 찾을 수 있다.

1) 甲목의 12운성(運星)

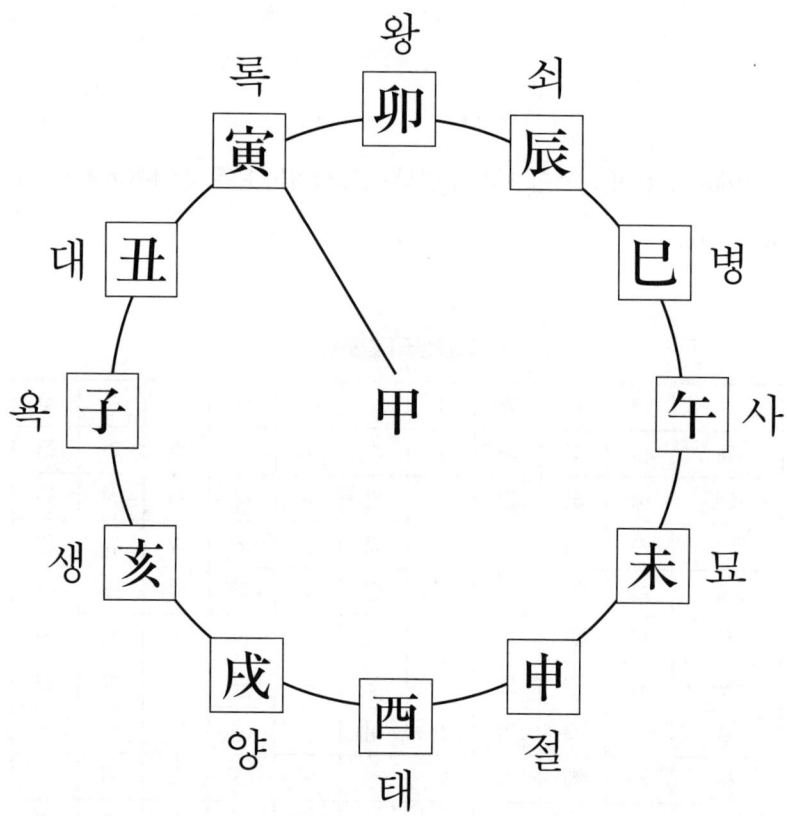

갑목(甲木)은 그림처럼 인묘진(寅卯辰)을 건록(建祿), 제왕(帝旺), 쇠(衰)의 순으로 대입을 하면 된다. 따라서 인(寅)은 건록(建祿), 묘(卯)는 제왕(帝旺), 진(辰)은 쇠(衰), 사(巳)는 병(病), 오(午)는 사(死), 미(未)는

묘(墓), 신(申)은 절(絶), 유(酉)는 태(胎), 술(戌)은 양(養), 해(亥)는 장생(長生), 자(子)는 목욕(沐浴), 축(丑)은 관대(冠帶)가 된다.

여기에서도 몇 가지 중요한 팁이 있는데 각 단계의 반대편에 있는 것이 무엇인지를 알아 두는 것이 상당히 좋다. 예를 들면 장생지(長生地)의 반대는 병지(病地), 목욕지(沐浴地)의 반대는 사지(死地), 관대지(冠帶地)의 반대는 묘지(墓地), 건록지(建祿地)의 반대는 절지(絶地), 제왕지(帝旺地)의 반대는 태지(胎地), 쇠지(衰地)의 반대는 양지(養地)라는 것을 꼭 알아 둘 필요가 있다. 이것으로 충(沖)하는 관계의 12운성(運星)을 바로 유추할 수 있기 때문으로 상당히 도움이 된다. 예를 들면 갑(甲)이 해(亥)를 보면 장생(長生)이니 해(亥)를 충(沖)하는 사(巳)를 보면 단번에 병지(病地)라는 것을 알 수 있게 된다.

다음으로 하나 더 알아 둘 만한 것은 양생음사(陽生陰死)처럼 양간(陽干)과 음간(陰干)의 관계도 알아 두는 것이 좋다. 이는 양생음사(陽生陰死), 양욕음병(陽浴陰病), 양대음쇠(陽帶陰衰), 양록음왕(陽祿陰旺), 양양음묘(陽養陰墓), 양절음태(陽絶陰胎)의 여섯 가지인데 많이 쓰이지는 않으나 도움이 될 때가 있다. 예를 들어 갑목(甲木)의 장생지(長生地)는 해(亥)이니 을목(乙木)은 해(亥)에서 사지(死地)에 들게 되고, 경금(庚金)이 사화(巳火)를 보면 장생(長生)이지만 신금(辛金)이 사화(巳火)를 보면 사지(死地)에 있게 되는 것도 같이 목욕(沐浴)과 병지(病地), 관대지(冠帶地)와 쇠지(衰地) 등등이 음양(陰陽)이 바뀔 때에 유용하게 쓰이게 된다.

2) 丙화의 12운성(運星)

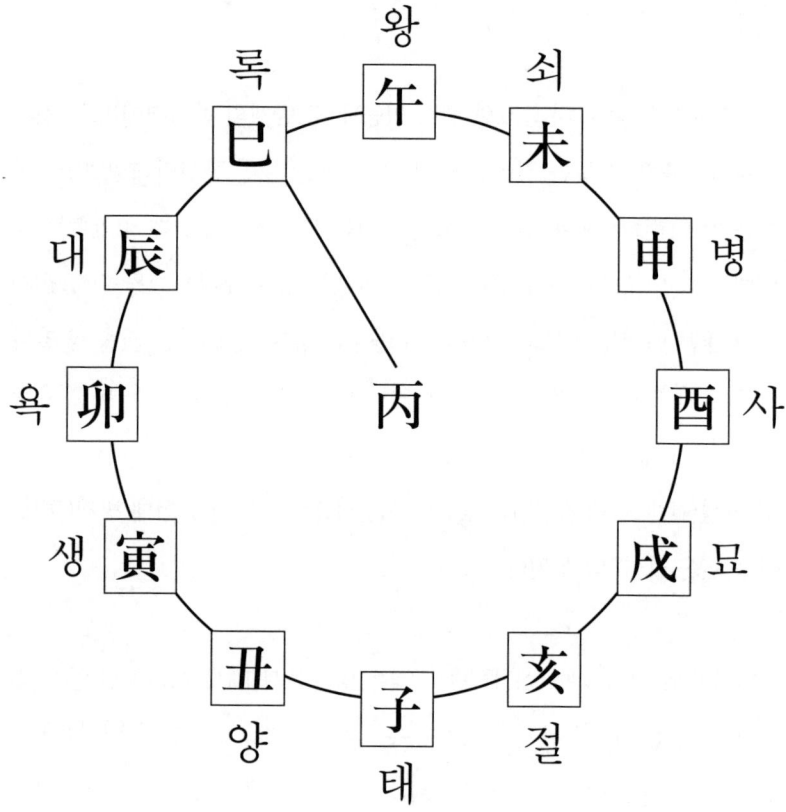

양간(陽干)의 12운성(運星)을 하나 더 보자면 병화(丙火)는 사오미(巳午未)를 건록(建祿), 제왕(帝旺), 쇠(衰)의 순으로 대입을 하면 된다. 따라서 사(巳)는 건록(建祿), 오(午)는 제왕(帝旺), 미(未)는 쇠(衰), 신(申)은 병(病), 유(酉)는 사(死), 술(戌)은 묘(墓), 해(亥)는 절(絶), 자(子)는 태(胎), 축(丑)은 양(養), 인(寅)은 생(生), 묘(卯)는 목욕(沐浴), 진(辰)은 관대(冠帶)가 된다.

나머지 무토(戊土)는 화토동법(火土同法)으로 병화(丙火)와 같이 보면 되고, 경금(庚金)은 신유술(申酉戌)을, 임수(壬水)는 해자축(亥子丑)을 건록(建祿), 제왕(帝旺), 쇠(衰)의 순으로 대입하면 일일이 외우지 않아도 각 천간의 12운성(運星)은 저절로 알 수 있게 된다.

3) 乙목의 12운성(運星)

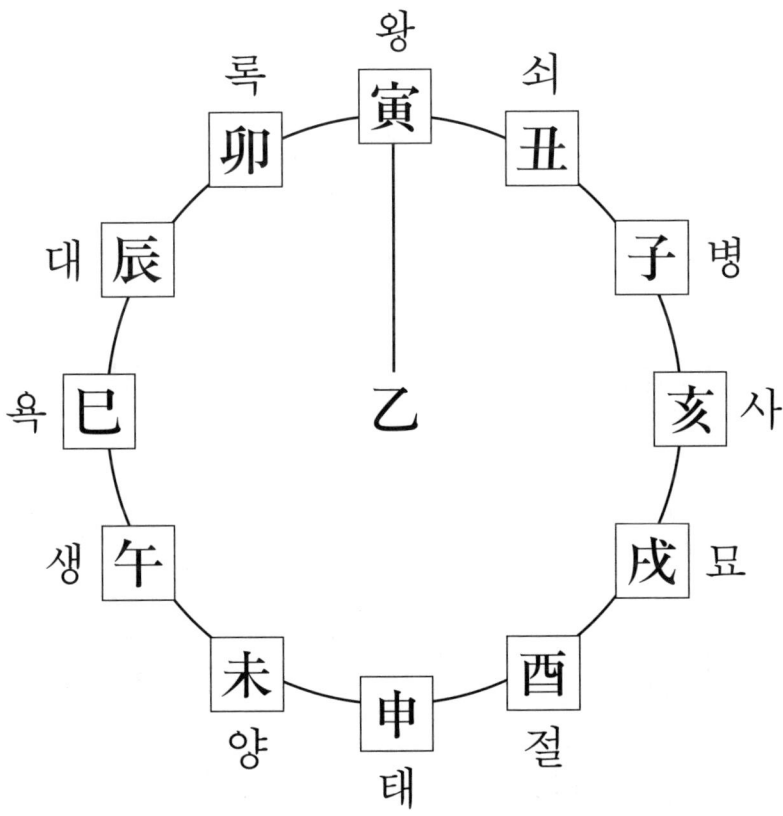

음간(陰干)의 12운성(運星)은 역행(逆行)을 하기 때문에 을목(乙木)은 그림처럼 인묘진(寅卯辰)을 제왕지(帝旺地)에서부터 역행(逆行)으로 건록(建祿), 관대(冠帶)의 순으로 대입을 하게 된다. 따라서 인(寅)은 제왕(帝旺), 묘(卯)는 건록(建祿), 진(辰)은 관대(冠帶), 사(巳)는 목욕(沐浴), 오(午)는 장생(長生), 미(未)는 양(養), 신(申)은 태(胎), 유(酉)는 절(絶), 술(戌)은 묘(墓), 해(亥)는 사(死), 자(子)는 병(病), 축(丑)은 쇠(衰)가 된다.

4) 丁화의 12운성(運星)

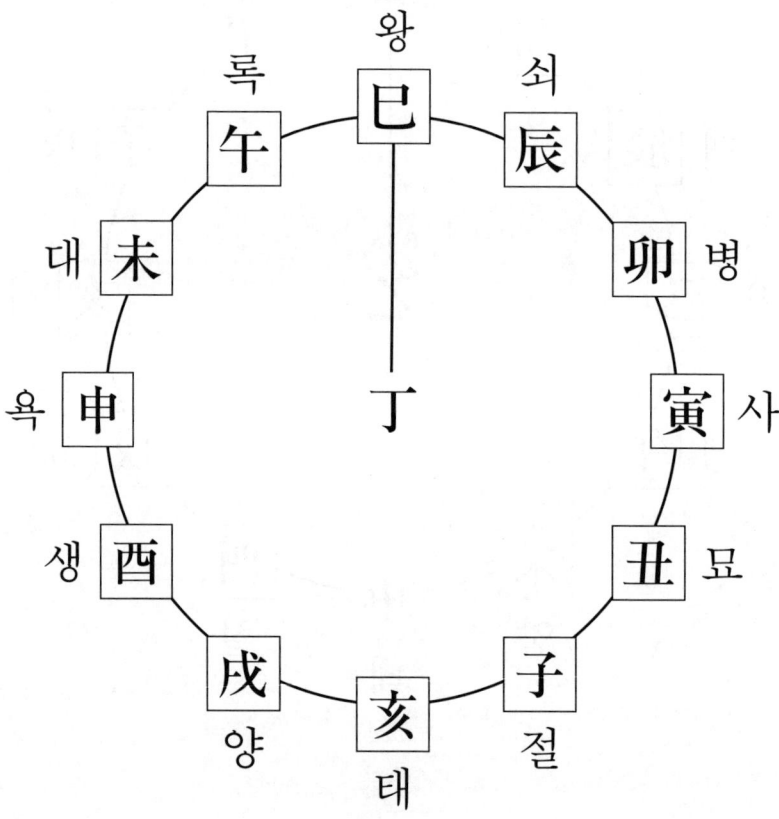

음간(陰干)의 12운성(運星)을 하나 더 보게 되면 정화(丁火)는 사오미(巳午未)를 제왕(帝旺), 건록(建祿), 관대(冠帶)의 순으로 대입을 하면 된다. 따라서 사(巳)는 제왕(帝旺), 오(午)는 건록(建祿), 미(未)는 관대(冠帶), 신(申)은 목욕(沐浴), 유(酉)는 장생(長生), 술(戌)은 양(養), 해(亥)는 태(胎), 자(子)는 절(絶), 축(丑)은 묘(墓), 인(寅)은 사(死), 묘(卯)는 병(病), 진(辰)은 쇠지(衰地)가 된다.

나머지 기토(己土)는 화토동법(火土同法)으로 정화(丁火)와 같이 보면 되고, 신금(辛金)은 신유술(申酉戌)을, 계수(癸水)는 해자축(亥子丑)을 제왕(帝旺), 건록(建祿), 관대(冠帶)의 순으로 역행으로 대입을 하면 된다. 음간(陰干)도 마찬가지로 반대편과 음생양사(陰生陽死)를 알아 두면 도움이 된다.

1-3.
현재까지의 12운성(運星)에 대한 해석

　고전(古典)에서부터 시작하여 12운성(運星)에 대한 해석은 가장 먼저 그 이름에서부터 호불호(好不好)가 생기며 일반적으로 음적(陰的) 영역인 쇠(衰), 병(病), 사(死), 묘(墓), 절(絶), 태(胎)에 대한 해석은 어떤 경우에도 좋지 않게 해석되어 왔다.

　가장 먼저 현대에 쓰이고 있는 12운성(運星)의 해석법은 일간(日干)을 포함하여 사주(四柱)의 년간(年干), 월간(月干), 시간(時干)의 10천간(天干)을 들어오는 운에서 대입하는 형식이다. 예를 들어 경금(庚金) 일간(日干)이 갑목(甲木)을 편재(偏財)로 천간(天干)에 가지고 있을 때에 지지(地支)로 들어오는 12가지의 지지(地支)에 대입을 하여 갑목(甲木) 편재(偏財)의 상황을 판단하는 방법으로 일반적으로 양적(陽的)인 12운성(運星) 즉 양(養), 장생(長生), 목욕(沐浴), 관대(冠帶), 건록(建祿), 제왕(帝旺) 등이 들어오면 조금씩 해석이 다르지만 그래도 좋은 편이라 하고 음적(陰的)인 12운성(運星)인 쇠(衰), 병(病), 사(死), 묘(墓), 절(絶), 태(胎) 등이 들어오면 이 역시 약간의 해석은 다르지만 전반적으로 좋지 않은 상황이라고 해석을 하는 것이다.

이때 일간(日干)도 마찬가지로 경금(庚金) 일간(日干)이 들어오는 운세(運勢)의 지지(地支)와 대입(代入)하여 12운성(運星)적인 판단을 하는데 좋은 성향의 12운성(運星)이 들어오면 좋다거나, 안 좋다고 판단을 하는 12운성(運星)이 들어오면 일간(日干)에게 전반적으로 좋지 않은 운세(運勢)라고 판단을 하게 된다.

이러한 해석은 기본적으로 틀림이 없는 좋은 해석법이나 각 단계에 대한 이해만 정확하면 그 천간(天干)의 오행적(五行的) 또는 십성적(十星的) 해석에 더하여 조금 깊이 있는 해석을 해 줄 수가 있을 것이다. 이에 대한 부가적인 설명은 5장 '12운성(運星)의 새로운 탐구(3)'에서 자세히 다룰 것이다.

다음으로 네 개의 지지(地支)의 궁별(宮別)로 12운성(運星)이 무엇인가를 보고 판단하는 방법이다. 년지(年支)에 12운성(運星) 중에 무엇이 있으면 조상(祖上)이나 초년(初年)이 어떠하다고 판단을 하고 나머지 월지(月支) 일지(日支) 시지(時支)도 마찬가지로 12운성(運星)이 무엇인지에 따라서 판단을 하는 것인데 이것 역시 상당한 타당성을 가지고 있다. 그러나 마찬가지로 예로부터 내려오는 좋은 12운성(運星)과 나쁜 12운성(運星)이 있어 연월일시(年月日時)에 쇠(衰), 병(病), 사(死), 묘(墓), 절(絶), 태(胎) 중의 사사묘절(死死墓絶) 같은 것만 지지(地支)에 가지고 있는 사람들은 힘이 빠지기는 마찬가지이다.

다음으로 인터넷에 떠도는 이상한 해석법이 있는데 예를 들면 식신(食

神)이 건록(建祿)이면 의식주(衣食住)가 풍요롭고, 재성(財星)이 건록(建祿)이면 재물운(財物運)이 좋고, 관성(官星)이 건록(建祿)이면 관운(官運)이 좋다고 하는 식의 해석인데 실제로는 식신(食神)이나 재성(財星) 관성(官星)은 건록(建祿)이 될 수가 없다. 마찬가지로 '식상(食傷)이 제왕(帝旺)이면, 재성(財星)이 제왕(帝旺)이면, 관성(官星)이 제왕(帝旺)이면'이라는 말은 성립할 수가 없다.

일반적으로 비견(比肩)이 건록(建祿)이지만 화토동법(火土同法)으로 무토(戊土)가 사화(巳火)를 보거나 기토(己土)가 오화(午火)를 보는 것도 건록(建祿)으로 보기에 편인(偏印) 2개가 건록(建祿)이 되고 나머지 8개는 모두 비견(比肩)이 건록(建祿)이 되기 때문에 식(食), 재(財), 관(官)이 건록(建祿)이 되는 법은 없다. 마찬가지로 제왕(帝旺)도 겁재(劫財) 8개와 정인(正印) 2개가 제왕(帝旺)이 되는 것이지 식(食), 재(財), 관(官)이 제왕(帝旺)이 되는 법은 없다.

1-4.
12운성(運星)에 의한 사주의 해석

다음의 사주(四柱)를 보자.

乙 甲 丙 辛
丑 子 申 巳

갑목(甲木) 일간(日干)이 연간(年干)에 정관(正官)을 두고 있고 정관(正官) 아래에 식신(食神) 사화(巳火)를 두고 있다. 이 사화(巳火)는 갑목(甲木)이 보기에는 식신(食神)이지만 정관(正官)인 신금(辛金)이 보기에는 정관(正官)인 사화(巳火)를 밑에 두고 있다. 여기에서 십성적(十星的)인 해석은 정관(正官) 아래에 식신(食神)이 있으니 나의 자격증을 쓰는 직장일 수 있으며, 그 직장의 속성은 신금(辛金)이 보기에는 밑에 있는 사화(巳火)가 신금(辛金)이 보기에는 정관(正官)이므로 정관(正官)을 아래에 두고 있으니 정관적(正官的)인 회사, 즉 바른 일을 하는 회사(법이나 경찰) 등의 직장일 수 있으며, 아니면 어느 회사나 조직(組織)이든 간에 그 안에서 내가 그러한 바른 업무를 하는 것으로도 해석이 될 수 있다.

여기에다 일주(日柱)가 위의 사주(四柱)처럼 갑자(甲子)라고 한다면 일지(日支)의 자수(子水)는 신금(辛金) 정관(正官)이 보기에는 식신(食神)으로 나와 회사와의 관계는 회사에서 인정도 받고 일을 잘 수행하는 것으로 보이나 갑오(甲午) 일주(日柱)가 되면 신금(辛金) 정관(正官)이 보기에는 편관(偏官)으로서 불편한 관계가 되나 내가 보기에는 직장이 만만하게 보이게 된다.

이렇게 십성적(十星的)으로 사주(四柱)를 해석해도 크게 무리가 없고 꽤나 디테일하게 사주(四柱)를 해석하는 툴이 될 수도 있다. 이렇게 해석을 해도 용신(用神) 찾아 삼만리 헤매다가 용신(用神)을 찾아서 신금(辛金)이 용신(用神)이면 직장이 도움이 되고 용신(用神)이 아니면 직장을 다니지 말아야 하나 고민하는 것보다는 훨씬 합리적이다.

이러한 십성적(十星的)인 해석을 더하여 12운성적(運星的)인 해석을 한다면 정관(正官) 신금(辛金)이 보기에는 사화(巳火) 즉 사지(死地)에 앉아 있으며 이 사화(巳火)는 갑목(甲木)이 보기에는 병지(病地)에 앉아 있게 된다. 이를 바르게 해석하지 않으면 정관(正官)이 죽음 위에 있으니 힘도 없고 갑목(甲木)인 내가 보아도 병(病)든 병지(病地) 사화(巳火) 위에 정관(正官)이 있으니 별 볼 일 없는 정관(正官) 즉 직장(職場)이나 남자(여자에게)로 해석이 된다. 이는 12운성(運星)의 사지(死地)와 병지(病地)를 정확하게 이해하지 못한 데서 기인하는 것이다.

신금(辛金) 정관(正官)에게 영향을 미치는 것은 지지(地支) 4개가 모두 영향을 미치지만 신금(辛金) 정관(正官)이 사지(死地)에 앉아 있다는 것은 그 정관(正官)을 직접 밑에서 규정하는 것이 사화(巳火)로서 12운성적(運星的)으로는 사지(死地)라는 것이다.

추후 12운성(運星)의 각 단계별로 자세히 설명을 하겠지만 사지(死地)라는 것은 정신적인 즐거움을 뜻하게 되며 병지(病地)는 정신적인 새로운 것이 태어남을 의미하는 것이다.

신금(辛金) 정관(正官)이 사지(死地)에 앉아 있다는 것은 신금(辛金) 즉 나의 직장(職場)을 규정하기를 정신적인 즐거움이나 편안함을 주는 정관(正官) 즉 회사를 의미하게 되거나 혹은 내가 그 조직 속에서 정신적인 역할을 한다고 해석을 하게 되며, 갑목(甲木)인 내가 병(病)을 본다는 것은 내가 회사로부터 어떤 정신적인 깨달음을 얻는다든가 아니면 내가 회사에 새로운 정신적 기운을 불어넣는 영향을 미친다고 해석을 할 수 있다.

만일에 갑자(甲子) 일주(日柱)라면 자수(子水)는 신금(辛金)과의 관계에서 생(生)의 관계가 되어 정관(正官)이 자주 생긴다거나(이것은 이직도 포함됨) 조직(組織) 내에서 새로운 아이디어를 많이 내는 역할(役割)을 한다고 해석할 수 있다.

갑오(甲午) 일주(日柱)는 십성적(十星的)으로는 갑자(甲子) 일주(日柱)와 다른 큰 차이를 보이나 12운성적(運星的)으로는 그리 큰 차이는 없다. 갑오(甲午) 일주(日柱)가 되면 신금(辛金) 정관(正官)이 보기에 오화(午

火)는 병지(病地)가 되어 이 또한 정관(正官)이 자주 생긴다거나 조직 내에서 새로운 아이디어를 많이 내는 역할을 하지만 생지(生地)가 아니고 병지(病地)이기 때문에 정신적인 생김이나 역할이라고 보면 된다.

위의 12운성적(運星的) 해석은 12운성(運星)의 각 단계별 이해가 끝난 후에 쉽게 이해될 수 있다. 좀 더 디테일한 해석은 12운성(運星)의 각 단계별 의미를 잘 알고 난 다음에 다른 사주(四柱)를 예를 들어 사주(四柱)의 월주(月柱), 일주(日柱), 시주(時柱)까지 차례로 분석하여 설명하기로 한다.

이처럼 12운성(運星)은 십성적(十星的) 해석에 더하여 천간(天干)과 지지(地支) 사이의 디테일을 더해 주며 나아가 들어오는 운세에 대한 예측도 어느 정도 자신감 있게 할 수 있는 여건을 만들어 주게 된다.

이 책에서는 12운성(運星)의 형성 과정이나 이름의 변천 과정 등은 생략하기로 하고 음양(陰陽)의 순역(順逆)의 이유 같은 것은 아직도 명쾌한 해석이 없으므로 추후의 학자에게 넘기기로 한다. 기존의 12운성(運星)의 학설에 대부분 따르기로 하면서 12운성(運星)의 단계마다의 특성을 정확하면서 새롭게 해석을 하고자 한다.

양포태(陽胞胎)와 음포태(陰胞胎)에 대한 설명은 앞으로도 몇 번 언급을 하겠지만 이것 역시 야자시(夜子時)와 조자시(朝子時)에 대한 논란 또는 동지(冬至)와 입춘(立春) 기점의 논란의 해결이 그 시간에 태어난 사람들을 몇 명만 조사하면 나올 수 있는 해결책인 것처럼 음일간(陰日干)의 사람들 몇 명만 조사해 보면 쉽게 이해할 수 있고 해결이 될 수 있는 사안이다.

2.

12운성(運星)에 대한 몇 가지 오해들

2-1.
12운성(運星)에 대한 첫 번째 오해
- 천간(天干)의 힘의 세기

12운성(十二運星)에 대한 첫 번째 오해는 12운성이 천간(天干)의 힘의 세기나 강약을 나타낸다고 하는 것에서 비롯된다. 12운성이 천간의 왕쇠(旺衰)를 나타낸다고 하는 말에는 그런대로 이해를 할 수 있으나, 12운성이 천간의 힘의 세기를 나타낸다고 하는 것에서부터 많은 오해와 12운성에 대한 불신을 초래하게 된다.

천간(天干)의 힘의 세기를 판단하는 것은 각각의 천간에 대하여 지지(地支)에서 보이는 왕상휴수사(旺相休囚死)의 이론으로써 얼마든지 설명이 되고 있는데, 굳이 12운성(十二運星)까지 들먹여서 천간의 힘의 세기를 나타낸다고 하니 많은 명리학자(命理學者)들이 말이 되지 않는 억지 이야기라고 치부하게 된다. 하나의 예를 들면 오행(五行)의 생극제화(生剋制化)로는 계묘(癸卯)는 계수(癸水) 일간(日干)이 밑에 묘목(卯木)을 가지고 있어 나의 힘을 빼는 상황인데도 12운성(十二運星)에서는 계묘(癸卯)를 '생(生)'이라고 하니 전혀 맞지 않는다고 판단을 하게 된다.

이러한 연유로 12운성(十二運星)은 맞지 않는 이론이라거나 공부할 가

치가 없다고 생각하게 되었는데, 대표적인 경우가 적천수(滴天髓)를 쓴 유백온(劉伯溫)과 적천수천미(滴天髓闡微)를 쓴 임철초(林喆初)가 있다. 그에 영향을 받아 적천수(滴天髓)를 신봉하는 사람들은 12운성(十二運星)에 대한 신뢰도가 낮고 연구도 부족하다.

다음에 상세히 설명하겠지만 12운성(十二運星)은 천간(天干)과 지지(地支)의 관계성(關係性) 또는 천간(天干)과 지지(地支)를 서로 규정하는 것은 맞지만, 천간(天干)의 힘의 세기(勢氣)를 나타낸다고 하는 그릇된 인식에서 많은 오해를 불러일으켜 왔다. 천간의 힘의 세기(勢氣)는 그냥 천간오행(天干五行)의 왕상휴수사(旺相休囚死)로 대입하는 것이 바람직하다.

2-2.
12운성(運星)에 대한 두 번째 오해 - 12운성의 음양

12운성(十二運星)은 12단계로 구성되어 있는데, 대부분의 경우 장생(長生)으로부터 시작하여 목욕(沐浴), 관대(冠帶), 건록(建祿), 제왕(帝旺), 쇠(衰), 병(病), 사(死), 묘(墓), 절(絶), 태(胎), 양(養)의 순서로 배열하고 있다. 그러나 이 12단계를 양적 영역과 음적 영역으로 구분하는 데 있어 많은 사람들이 혼란을 겪고 있다.

대부분의 사람들은 장생(長生), 목욕(沐浴), 관대(冠帶), 건록(建祿), 제왕(帝旺), 쇠(衰)를 양적 영역으로, 나머지를 음적 영역으로 간주한다. 혹은 태(胎)에서부터 제왕(帝旺)까지를 양적 영역으로 보고, 쇠(衰)에서 절(絶)까지를 음적 영역으로 나누는 등, 몇 가지 나름의 구분 방식이 존재한다.

그러나 우리가 음양(陰陽)에 대해 알고 있는 바와 같이, 양(陽)이 극에 달하면 음(陰)이 생기고, 다시 음(陰)이 극에 달하면 양(陽)이 생기는 것이 바로 음양(陰陽)의 기본 법칙이다.

필자 역시 이 부분에 대해 많은 고민을 해 본 결과, 12운성(十二運星)에서 양(陽)이 극에 달하는 지점은 제왕(帝旺)이며, 그다음부터 음(陰)이 생기기 시작하여 다시 음(陰)이 극에 달하는 지점은 제왕(帝旺)의 반대편에 위치한 태(胎)라는 결론에 도달하였다.

결국 아래의 그림에서 보듯이, 12운성(十二運星)의 양적(陽的) 영역은 양(養)에서 시작하여 장생(長生), 목욕(沐浴), 관대(冠帶), 건록(建祿), 제왕(帝旺)으로 이어지고, 음적(陰的) 영역은 쇠(衰)에서 시작하여 병(病), 사(死), 묘(墓), 절(絶), 태(胎)로 이어지게 되는 것이다.

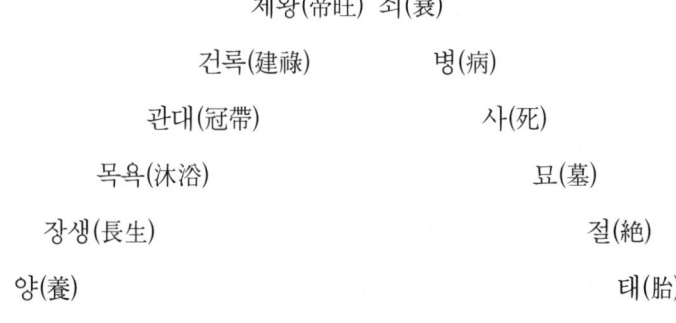

제왕(帝旺) 쇠(衰)
건록(建祿)   병(病)
관대(冠帶)   사(死)
목욕(沐浴)   묘(墓)
장생(長生)   절(絶)
양(養)   태(胎)

육체적 12운성(양적 12운성)

태(胎)   양(養)
절(絶)   장생(長生)
묘(墓)   목욕(沐浴)
사(死)   관대(冠帶)
병(病)   건록(建祿)
쇠(衰)   제왕(帝旺)

정신적 12운성(음적 12운성)

2-3.
12운성(運星)에 대한 세 번째 오해 - 양간과 음간

일반적으로 12운성(十二運星)에서 많이 언급되는 말이, 양간(陽干)의 12운성(十二運星)은 사용할 수 있으나 음간(陰干)의 12운성은 오행(五行)의 생극제화(生剋制化)에 맞지 않으므로 쓸 수 없다는 것이며, 또는 음간(陰干)도 양간(陽干)에 준하여 12운성(十二運星)을 같이 보는 관법(觀法)이 있다.

이 경우 갑목(甲木)이나 병화(丙火), 임수(壬水)는 장생지(長生地)에 해수(亥水), 인목(寅木), 신금(申金)이 있어 수생목(水生木), 목생화(木生火), 금생수(金生水)가 잘 맞아떨어지나, 경금(庚金)의 경우는 사화(巳火)가 장생지(長生地)가 되는데, 편관(偏官)인 사화(巳火)를 보고 장생지(長生地)라고 하는 것은 역시 오행(五行)의 생극제화(生剋制化)의 이치에서 벗어나게 된다.

이로 유추하여 보면 12운성(十二運星)은 양간(陽干)도 그리 다 맞아떨어지는 것이 아니고, 하물며 음간(陰干)은 더더욱 오행(五行)의 생극제화(生剋制化)의 법칙에 맞지 않으니 연구할 가치가 없다고 한다. 이런 말들 역시 첫 번째 오해인 천간(天干)의 힘의 세기에서 언급한 것과 같은 맥락이다.

오행(五行)의 생극제화(生剋制化)는 천간(天干)끼리에는 극명하게 나타나지만, 지지(地支)끼리는 천간(天干)처럼 오행(五行)의 생극제화(生剋制化)가 나타나는 것보다는 오히려 형충회합(刑沖會合)으로 지지(地支)를 해석하게 되듯이, 천간(天干)과 지지(地支)의 관계도 오행(五行)의 생극제화(生剋制化)보다는 12운성(十二運星)이라는 이론으로 천간(天干)과 지지(地支)의 관계성(關係性)을 말하고 있는 것이다.

2-4.
12운성(運星)에 대한 네 번째 오해 - 단계별 이름

일반적으로 위에서 언급한 음적 영역(陰的 領域)의 12운성(十二運星) 이름은 쇠(衰), 병(病), 사(死), 묘(墓), 절(絶), 태(胎)로, 인생의 단계에서 '쇠퇴(衰退)', '병들고(病)', '죽음(死)', '매장(墓葬)', '단절(斷絶)', '잉태(盈胎)' 를 뜻하니, 대부분의 이름들이 부정적(否定的)이고 듣기만 해도 기분이 좋아지지 않는다. 특히 일주(日柱)의 경우, 일지(日支)는 나의 기본 성품(性品), 배우자, 건강 등을 암시하는 주요한 기둥인데, 일지(日支)에 이러한 음적(陰的) 12운성(十二運星)인 쇠(衰), 병(病), 사(死), 묘(墓), 절(絶), 태(胎) 등이 있으면 누구라도 불쾌감을 느끼게 된다.

이러한 이유로, 일본에서 12운성(十二運星)을 연구한 대표적(代表的) 인물인 아베 타이잔(阿部泰山)도 음적(陰的) 12운성(十二運星)인 쇠(衰), 병(病), 사(死), 묘(墓), 절(絶)을 각각 退, 休, 昇, 歸, 盡으로 개명하려 했을 정도였다. 그러나 필자는 음적(陰的) 영역(領域)의 12운성(十二運星)이 지닌 의미를 정확히 이해한다면, 이름은 그다지 중요치 않다고 본다.

음적(陰的) 영역(領域)의 12운성(十二運星)은 양적(陽的) 영역(領域)의

12운성(十二運星)으로 대체해도 무리가 없으며, 오히려 그렇게 해석하는 편이 더 바람직할 수도 있다. 예를 들어 쇠(衰), 병(病), 사(死), 묘(墓), 절(絶), 태(胎)를 양(養), 생(生), 욕(沐浴), 대(冠帶), 록(建祿), 왕(帝旺)으로 대체(代替)하고, 해석을 정신적 영역(領域)으로 전환하는 것이다. 예컨대 임인(壬寅)이나 계유(癸酉) 일주(日柱)처럼 일지(日支)에 병(病)을 둔 경우, 이를 단순히 '병(病)'이라 보기보다 '생(生)'을 밑에 두고 있다고 해석하며, 그 생(生)이 육체적(肉體的)·현실적(現實的)이 아니라 정신적(精神的)·이상주의적(理想主義的)인 생(生)이라고 이해하는 것이다.

이는 이후 설명될 12운성(十二運星)의 단계별 의미 및 해석에서 더 자세히 다룰 예정이다.

3.

12운성(運星)의 새로운 탐구⑴

3-1.
12운성(運星)의 음양(陰陽)

12운성(十二運星)은 알다시피 장생(長生), 목욕(沐浴), 관대(冠帶), 건록(建祿), 제왕(帝旺), 쇠(衰), 병(病), 사(死), 묘(墓), 절(絶), 태(胎), 양(養)의 12개가 있다. 10천간(天干)과 12지지(地支)에도 음양(陰陽)이 있듯이 이 12운성(十二運星)에도 음양(陰陽)이 있는데 많은 학자나 명리가(命理家)들이 어려움을 겪는 것이 생(生)에서부터 시작하여 12운성(十二運星)을 설명하기 때문에 이상한 그래프가 만들어지거나 양적(陽的) 영역은 커다랗게 나오면서 음적(陰的) 영역은 조그만 형태로 나타나는 그래프를 그리고 있다.

앞에서 잠시 언급한 대로 12운성(十二運星)의 음양(陰陽)은 제왕(帝旺)에서 가장 왕성한 기운이기에 양적인(陽的) 기운이 제왕(帝旺)에서 기울어지며 쇠(衰)에서부터 음적인(陰的) 기운으로 들어가면서 이 음적(陰的) 기운이 가장 왕성한 시점이 제왕(帝旺)의 반대편인 태(胎)가 된다.

그리하여 다시 양(養)에서 양적인(陽的) 기운이 시작하여 제왕(帝旺)에서 절정을 이루고 쇠(衰)에서부터 음적(陰的) 기운이 시작하여 태(胎)에서 절정을 이루게 된다.

양(養)에서 시작한 양적(陽的) 기운의 12운성(十二運星)은 장생(長生), 목욕(沐浴), 관대(冠帶), 건록(建祿), 제왕(帝旺)으로 이어져 제왕(帝旺)에서 절정을 이루고 나서 쇠(衰)에서부터 그 양적(陽的) 기운이 약해지면서 태(胎)에서 양적(陽的) 기운이 가장 약하게 된다. 이와 반대로 음적(陰的) 기운의 12운성(十二運星)은 쇠(衰)에서부터 시작하여 병(病), 사(死), 묘(墓), 절(絕), 태(胎)로 이어져 태(胎)에서 절정을 이루고 나서 양(養)에서부터 그 음적(陰的) 기운이 약해지면서 제왕(帝旺)에서 음적(陰的) 기운이 가장 약하게 된다.

가끔은 쇠(衰)를 양적(陽的) 기운으로 분류하면서 양(養)을 음적(陰的) 기운으로 분류하기도 하는데, 비록 쇠(衰)의 기운이 상당히 강하면서 노련한 시기라고 하지만 음양(陰陽)의 관점에서 보면 기울어지기 시작한 음적(陰的) 기운임에는 틀림이 없다.

따라서 12운성의 그래프는 지금처럼 아래와 같은 그림이 아니라

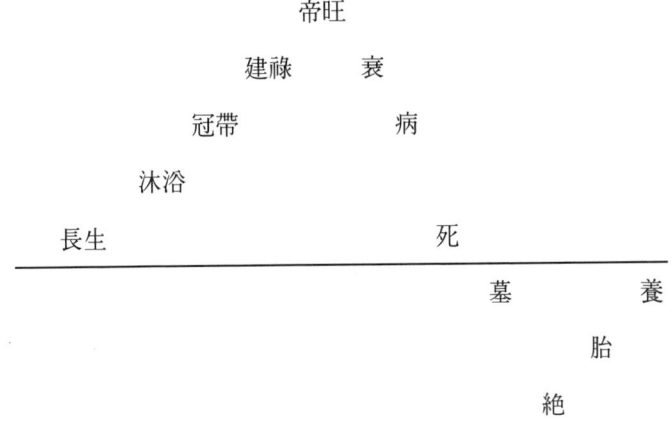

아래의 그림처럼 일직선으로 그리는 것이 바람직하다.

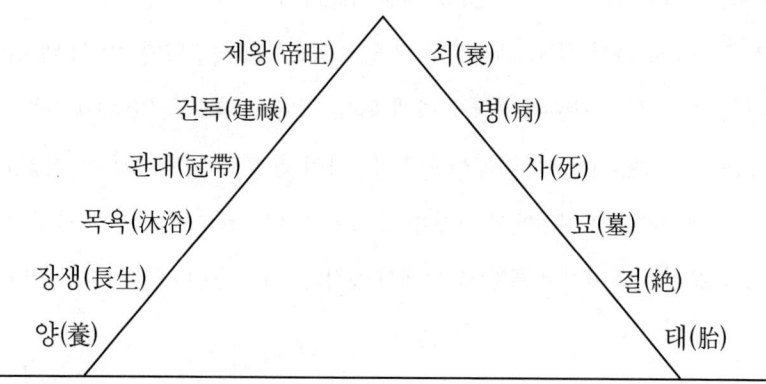

3-2.
양적 영역(陽的領域)과 음적 영역(陰的領域)의 의미와 이해

12운성(十二運星)을 음양(陰陽)으로 나누어 본다면 위에서 살펴본 바와 같이 양(養)에서부터 제왕(帝旺)까지가 양적인 영역이며, 쇠(衰)에서부터 태(胎)까지가 음적인 영역이 된다. 여기에서 양적(陽的)이라는 말은 일반적으로 알고 있는 음양(陰陽)의 개념과 같으며, 특히 12운성(十二運星)에서는 현실적인 성향과 육체적, 실질적 성향을 나타내게 되며, 음적(陰的)이라는 말은 이상적인 성향과 정신적 상징적인 성향을 나타내게 된다.

구체적으로 살펴보면
- 양(養)(기를 양)은 기른다는 뜻인데 실제로 뱃속에서 기르는 것이며,
- 장생(長生)(길 장, 날 생)은 엄마의 몸에서 실제로 태어나는 것이고,
- 목욕(沐浴)(머리를 감을 목, 목욕할 욕)은 태어나서 실제로 아기를 목욕시키는 것을 의미하고,
- 관대(冠帶)(갓 관, 띠 대)는 성장하여 의관을 갖추는 것이며,
- 건록(建祿)(세울 건, 녹 봉)은 나라의 녹봉을 세우고,
- 제왕(帝旺)(임금 제, 왕성할 왕)은 육체적으로 가장 왕성한 시기를 나타낸다.

그 후

- 쇠(衰)(쇠할 쇠)는 육체의 쇠퇴함을,
- 병(病)(병 병)은 육체가 병이 들고,
- 사(死)(죽을 사)라는 죽음을 맞이하며,
- 묘(墓)(무덤 묘)에 들어가서,
- 육체와의 완전한 끊어짐인 절(絶)(끊을 절)을 거쳐서,
- 다시 육체적인 잉태를 의미하는 태(胎)(아이 밸 태)의 단계에서
- 다시 육체적인 자라남을 의미하는 양(養)의 단계로 순환을 하는 것이다.

위의 단계에서 양(養)에서부터 제왕(帝王)까지의 단계를 육체적인 성장을 의미하기 때문에 양적 영역이라고 부르고,

쇠(衰)에서부터 태(胎)까지의 영역을 육체적인 쇠퇴함을 의미하기에 음적 영역이라고 부른다.

다시 위의 12단계를 음적 영역인 정신적인 성장을 의미하는 쇠(衰)에서부터 대입을 하면

- 쇠(衰)의 단계에서는 정신적인 성장을 기르는 것이고,
- 병(病)은 정신적인 면의 탄생을 의미하며,
- 사(死)는 정신적인 면의 목욕이 되고,
- 묘(墓)는 정신적인 의관을 갖추는 것이 되며,
- 절(絶)은 정신적인 면의 녹봉을 세우는 것이고,
- 태(胎)는 정신적인 면의 가장 왕성함을 이루게 된다.

이후 음적인 단계는

- 양(養)에서 정신적인 쇠퇴함을,
- 장생(長生)에서 정신적인 면이 병들게 되고,
- 목욕(沐浴)에서 정신은 죽음을 맞이하며,
- 관대(冠帶)에서 정신은 묘에 들어가서,
- 건록(建祿)에서 정신의 완전한 끊어짐을 거쳐서,
- 다시 정신적인 잉태를 의미하는 제왕(帝旺)의 단계를 거쳐
- 다시 정신적인 자라남을 의미하는 쇠(衰)의 단계로 순환을 하는 것이다.

이를 요약하면

- 양(養)에서부터 제왕(帝旺)까지는 양적인 12운성(十二運星)이 성장하다가,
- 쇠(衰)에서부터 태(胎)까지는 양적인 12운성이 쇠퇴하는 과정이고,
- 음적인 12운성은 쇠(衰)에서부터 태(胎)까지는 성장하다가,
- 양(養)에서부터 제왕(帝旺)까지는 쇠퇴하게 된다.

이를 더 줄이게 되면

- 육체(肉體)는 양(養)에서부터 시작하여 제왕(帝旺)에서 절정을 이루며,
- 정신(精神)은 쇠(衰)에서부터 시작하여 태(胎)에서 절정을 이루게 된다.

여기에서 우리는 쇠(衰), 병(病), 사(死), 묘(墓), 절(絶), 태(胎)의 이름만 들어도 끔찍한 음적인 12운성(十二運星)을 육체나 현실 대신 정신과 이상을 대입하여

- 쇠(衰)는 정신의 양(養),
- 병(病)은 정신의 생(長生),
- 사(死)는 정신의 목욕(沐浴),
- 묘(墓)는 정신의 관대(冠帶),
- 절(絶)은 정신의 건록(建祿),
- 태(胎)는 정신의 제왕(帝旺)

으로 대치를 하게 되면, 일간(日干)이 만나는 음적 12운성(十二運星)의 무시무시한 이름으로부터 해방될 수 있다.

예를 들어
- 신미일주(辛未日柱)가 있어 일지(日支)에 쇠(衰)를 깔고 있으면 정신적인 양(養)을 추구하는 일주로 볼 수 있고,
- 임인일주(壬寅日柱)는 일지에 병(病)을 깔고 있지만 정신적인 생(長生)을 추구하는 일주로 볼 수 있으며,
- 신사일주(辛巳日柱)처럼 일지에 사(死)를 깔고 있으면 정신적인 목욕(沐浴)을 추구하는 일주이며,
- 임진일주(壬辰日柱)처럼 일지에 묘(墓)를 깔고 있는 일주는 정신적인 관대(冠帶)를 가진 일주이며,

- 갑신일주(甲申日柱)처럼 일지에 절(絶)을 가진 일주는 정신적인 건록(建祿)을 추구하는 사람이며,
- 계사일주(癸巳日柱)처럼 일지에 태(胎)를 가진 일주는 정신적인 제왕(帝旺) 즉 왕성함을 나타내는 일주라고 해석을 하게 된다.

여기에서 12운성(十二運星)의 양적(陽的), 음적(陰的) 단계인 양(養), 장생(長生), 목욕(沐浴), 관대(冠帶), 건록(建祿), 제왕(帝旺)의 단계별 특성과 의미를 정확하게 안다면 각 단계별 차이뿐만 아니라 음적(陰的), 양적(陽的) 12운성(十二運星)의 차이도 더욱 명확하게 이해할 수 있게 된다.

십성(十星)에서도 크게 나누면 비겁(比劫), 식상(食傷), 재성(財星), 관성(官星), 인성(印星)으로 5개로 나누어 음양(陰陽)에 따라

- 비견(比肩), 겁재(劫財),
- 식신(食神), 상관(傷官),
- 편재(偏財), 정재(正財),
- 편관(偏官), 정관(正官),
- 편인(偏印), 정인(正印)

으로 10개로 나누듯이, 12운성(十二運星)도 양적 운동인 양(養), 장생(長生), 목욕(沐浴), 관대(冠帶), 건록(建祿), 제왕(帝旺)만 알게 되면, 음적인 운동인 쇠(衰), 병(病), 사(死), 묘(墓), 절(絶), 태(胎)는 현실과 육체 대신에 이상과 정신을 대입하면 아주 쉽게 이해할 수 있다.

3-3.
12단계별 특성과 의미

　12운성(十二運星)의 각 단계는 인간의 태어남에서 죽음까지의 과정과 다시 잉태하여 삶의 단계가 반복되는 과정을 이야기하고 있다. 각 단계는 길고 짧은 것이 있을 수 있으나 기본적으로 그 단계 자체를 의미하는 것으로 보는 것이 좋다.

　장생(長生)이면 태어나는 것, 목욕(沐浴)이면 아기를 목욕시키는 것, 관대(冠帶)는 의복을 갖추는 것, 건록(建祿)은 나라의 녹봉을 받는 것, 제왕(帝旺)은 가장 왕성하게 활동하는 것, 쇠(衰)는 쇠퇴하는 것, 병(病)은 병드는 것, 사(死)는 죽는 것, 묘(墓)는 묘지에 들어가는 것, 절(絶)은 육체적 인연이 끊어지는 것, 태(胎)는 잉태하는 것, 양(養)은 어머니의 뱃속에서 길러지는 것처럼 시기나 기간보다는 그 행위 자체를 의미한다고 보는 것이 좋다.

　이제부터 각 단계별의 특성이나 의미를 살펴볼 것인데 각 단계에는 반드시 긍정적인 면과 부정적인 면이 있음을 반드시 알아야 한다. 우리는 이제 12운성(十二運星)이 장생(長生)으로부터 시작하는 것이 아니라는 것을 알았으니 양적(陽的) 12운성(十二運星)의 시작인 양(養)부터 시작하기로 한다. 그러나 12운성(十二運星)의 시작은 그리 큰 의미는 없다.

1) 양(養)

- 실질적인 의미

양(養)이라고 하는 것은 어머니의 몸속에서 잉태한 태아를 기르는 것을 뜻한다. 태아의 입장에서 보면 스스로 영양분을 섭취하면서 자라남을 뜻하기도 한다. 따라서 양(養)이라고 하는 것은 자라남과 키움의 양면적 특성을 가지고 있다.

- 함축적인 의미

양(養)이 의미하는 함축적인 의미는 태아의 입장에서 보면 자라남이니 배움과 성장(成長)이며, 어머니의 입장에서는 기르는 것이니 가르치고 키우는 것으로 볼 수 있다.

사주(四柱)에서 양(養)을 가진 사람은 배우는 것을 좋아하고 또한 남을 가르치는 것도 상당히 좋아하게 된다. 이를 조직 사회에 적용하게 되면 조직에 적응도 잘 하면서 조직을 키워 나가는 능력이 있어 좋은 관리자(管理者)가 될 수 있다.

- 부정적인 의미

양(養)이라는 것은 어머니의 뱃속에서 10개월간 자라나는 것이니 상당히 조심해야 하는 시기가 된다.

따라서 다른 어느 시기보다 조심스러우며 활발한 활동과는 거리가 멀다.

- 양(養)의 특징

양(養)은 어느 천간(天干)이든지 지지(地支)에 토(土)를 두고 있다.

지지(地支)에 토(土)를 두는 12운성(十二運星)은 양(養)과 쇠(衰), 관대(冠帶)와 묘(墓)의 4가지가 있다.

60갑자(六十甲子) 중에는 갑술(甲戌), 을미(乙未), 경진(庚辰), 신축(辛丑)의 4가지가 있다.

- 양(養)의 키워드

자라남과 키움, 배움과 가르침, 조직 내에서의 성장(成長)과 발전(發展), 조심스러움.

2) 장생(長生)

- 실질적인 의미

장생(長生)이라고 하는 것은 어머니의 뱃속에서 자란 태아가 태어남을 말하는 것이다. 장생(長生)에서 장(長)이라는 한자의 의미는 불로장생(不老長生)의 장생(長生)이 아니라 '나아가다'라는 뜻의 장(長)으로서 생(生)으로 나아가다, 즉 태아에서 세상으로 나아감을 의미하게 된다.

태아의 입장에서는 새로운 환경을 맞이하게 되고, 어머니의 입장에서는 출산(出産)의 고통을 겪으며 세상에 없던 새로운 자식을 얻게 되는 것이다.

- **함축적인 의미**

장생(長生)이 의미하는 함축적인 의미는 새로운 환경이며, 없던 것이 생겨나는 것이며, 무엇인가를 만들어 내는 것이다.

따라서 이 시기에 내가 바라는 것들의 성취(成就)를 이룰 수 있게 된다.

사주(四柱)에서 장생(長生)을 가진 사람은 새로운 환경을 추구하고, 무엇인가를 만들어 내기를 좋아한다. 사회나 조직에서는 그냥 적응(適應)하기보다는 새로운 뭔가를 만들어 내는 것을 좋아하는 사람들이다.

- **부정적인 의미**

태아의 탄생(誕生)이라는 것은 어머니의 입장에서는 새로운 아기를 가진다는 면에서는 축하를 받고 뿌듯한 일이지만, 출산(出産)의 아픔을 겪은 후에 탄생을 맞이하게 된다.

따라서 새로운 것을 만들어 내는 것에는 반드시 그에 상응하는 아픔과 고통(苦痛)을 동반하게 된다.

- **장생(長生)의 특징**

양간(陽干)은 지지(地支)에서 생지(生地)인 인(寅)·신(申)·사(巳)·해(亥)를 만나면 장생(長生) 또는 건록(建祿)이 되고, 음간(陰干)은 지지(地支)에서 음간(陰干)의 생지(生地)인 자(子)·오(午)·묘(卯)·유(酉)를 만나면 생지(生地) 또는 건록(建祿)이 된다.

60갑자(六十甲子) 중에는 병인(丙寅), 정유(丁酉), 무인(戊寅), 기유(己酉), 임신(壬申), 계묘(癸卯)의 6가지가 있다.

- 장생(長生)의 키워드

새로운 환경(環境), 새로운 것을 만듦(創造), 나에게 없던 것을 얻음(獲得), 아픔(痛苦), 고난(苦難).

3) 목욕(沐浴)

- 실질적인 의미

목욕(沐浴)이라고 하는 것은 아기가 태어나서 어머니가 아기를 씻기는 행위를 말한다. 이 단계를 해석하는 데에 많은 이야기가 있고 어려움이 많은 단계이다. 이 단계를 목욕(沐浴)이라는 말로 표현하였지만 실제로는 아기가 태어나서 스스로 자립할 수 있을 때까지 부모의 보살핌을 받는 시기를 뜻한다. 이 시기에는 아기의 입장에서 보면 앞으로 살아갈 삶에 대한 걱정이 전혀 없고 즐거운 나날이 된다. 모든 동물이 태어나서 자립할 때까지 부모가 돌봐 주는 시기라고 보면 된다. 아기나 자식의 입장에서 보면 걱정이 없고 사랑받으며 자라나는 즐거운 시기이지만 부모의 입장에서 보면 자식을 씻기고 케어하는 데에 번거로움을 수반하게 된다.

- 함축적인 의미

목욕(沐浴)이 의미하는 함축적인 의미는 즐거움이다. 어린 시절의 천진난만한 즐거움을 의미한다. 목욕(沐浴)의 벌거벗음으로 인한 육체적 즐거움을 논하는 경우도 있으나 신빙성은 좀 더 따져 보는 게 좋다. 그냥 모든 즐거움을 포함한다고 보는 것이 좋다. 사주(四柱)에 목욕(沐浴)을 가지고 있는 사람은 사회에서나 조직에서의 갈등을 바람직하지 않게 보며 항상 원만한 사람이라고 보면 된다.

- **부정적인 의미**

아기나 자식으로서 부모의 보살핌을 받는 시기인 목욕(沐浴)은 부모의 입장에서 보면 엄청난 번거로움이다. 따라서 약간의 의존성을 보일 수 있으며 즐거움에 따르는 번거로움을 피할 수 없다.

- **목욕(沐浴)의 특징**

양간(陽干)은 지지(地支)에서 왕지(旺支)인 자(子)·오(午)·묘(卯)·유(酉)를 만나면 목욕(沐浴) 또는 왕지(旺支)가 되며, 음간(陰干)은 지지(地支)에서 역시 왕지(旺支)인 인(寅)·신(申)·사(巳)·해(亥)를 만나면 목욕(沐浴) 또는 왕지(旺支)가 된다. 60갑자(六十甲子) 중에는 갑자(甲子), 을사(乙巳), 경오(庚午), 신해(辛亥)의 4가지가 있다.

- **목욕(沐浴)의 키워드**

즐거움, 걱정 없음, 번거로움.

4) 관대(冠帶)

- **실질적인 의미**

12운성(十二運星)에서 관대(冠帶)라고 하는 것은 부모의 돌봄을 받는 목욕(沐浴)의 단계를 지나 스스로 자립하는 단계이다. 한자적 의미는 모자를 쓰고 허리띠를 두르는 것을 말하지만 이 단계는 사실은 이성에게 짝을 찾기 위해 치장을 하는 것을 의미한다. 사람들은 이 단계에서 의복으로 치장을 하지만 동물들은 갖가지 소리나 향기 또는 폼을 잡으며 이성의 관심을 받기 위해 폼을 잡는 시기를 말하게 된다.

- 함축적인 의미

관대(冠帶)가 의미하는 함축적인 의미는 으스대고 멋부림이며 폼을 잡는 것이다. 이성의 관심을 끌기 위한 노력이 관대(冠帶)인 것이다. 사주(四柱)에 관대(冠帶)를 가지고 있는 사람들은 모자를 쓰기 좋아하고 제복을 입기를 좋아한다. 이때의 제복은 군경, 특수 조직 또는 종교적 지도자 등에 해당한다. 따라서 종교적 지도자들은 대개 지지(地支)에 토(土)를 가지고 있는 사람들이 많다.

- 부정적인 의미

관대(冠帶)는 스스로 자립하여 부모의 곁을 떠나기 위해 이성을 찾는 시기라 상당히 삶의 단계에서 좋은 시기이지만 부모의 입장에서 보면 힘들게 보살펴 키운 녀석이 자기의 짝을 찾는 시기는 한편으로 시원하기도 하지만 아직도 뭔가 모자란 것 같은 생각이 드는 아쉬움이 생기기도 한다.

- 관대(冠帶)의 특징

관대(冠帶)는 양간(陽干)이든 음간(陰干)이든 지지(地支)에서 토(土)를 만나면 성립된다. 지지(地支)에 토(土)를 두는 12운성(十二運星)은 관대(冠帶), 묘(墓), 그리고 양(養)과 쇠(衰)의 4가지가 있다. 60갑자(六十甲子) 중에는 병진(丙辰), 정미(丁未), 무진(戊辰), 기미(己未), 임술(壬戌),

계축(癸丑)의 6가지가 있다.

- 관대(冠帶)의 키워드

멋부림, 폼을 잡음, 으스댐, 제복, 아쉬움.

5) 건록(建祿)

- 실질적인 의미

건록(建祿)이란 나라에서 봉급을 받는다는 의미로, 현대적인 해석으로는 취업(就業)을 한다고 보는 것이 좋다. 부모의 케어를 받다가 성장하여 짝을 찾기 위해 관대(冠帶)의 시기를 지나서 드디어 짝을 찾은 것이 건록(建祿)이다.

- 함축적인 의미

건록(建祿)의 함축적인 의미는 만남(會遇)이다. 여기서의 만남은 이성적인 사람만을 뜻하는 것이 아니고 취업(就業)이라든지 학문(學問)이라든지 인생사의 모든 만남을 이야기하는 것이다. 사주(四柱)에 건록(建祿)이 있는 사람들의 특징은 항상 무언가를 만나게 되는데, 그것이 내가 바라던 것일 수도, 원하지 않는 것일 수도 있다.

- 부정적인 의미

건록(建祿)이라는 것은 기본적으로 자기의 짝을 찾은 단계이기 때문에 새로운 가정(家庭)을 꾸려서 나가게 된다. 상당히 희망차고 좋은 시기이지만 부모와는 이별(離別)을 하는 것을 피할 수 없다. 즉, 무언가를 새롭게 만난다고 하는 것은 다른 것과의 이별을 전제로 하게 된다.

- 건록(建祿)의 특징

건록(建祿)은 지지(地支)에서 천간(天干)과 같은 오행(五行)이면서 음양(陰陽)이 같은 경우로서, 60갑자(六十甲子) 중에는 갑인(甲寅), 을묘(乙卯), 경신(庚申), 신묘(辛卯) 4개가 있다. 그러나 병(丙)이 사(巳)를 만나거나 정(丁)이 오(午)를 만나는 것과 같은 경우도 건록(建祿)이 된다.

- 건록(建祿)의 키워드

만남(會遇), 헤어짐(離別).

6) 제왕(帝旺)

- 실질적인 의미

제왕(帝旺)이라고 하는 것은 태어난 이후 육체적으로나 실질적으로 가장 왕성한 활동을 하는 것을 뜻한다. 제왕(帝王)으로 혼동할 수도 있으나 한자적인 의미에서 보듯이 왕성함이 최고조에 달한 것을 의미한다. 음양(陰陽)의 이치에서 알 수 있듯이 무엇인가가 최고조에 달하면 반드시 반대의 기운이 싹트게 된다.

따라서 제왕(帝旺)이라는 것은 왕성한 활동과 더불어 반대 측면을 잉태하게 된다.

- 함축적인 의미

제왕(帝旺)이 의미하는 함축적인 의미는 왕성한 육체적 활동이며, 그 안에서 찾아내는 정신적인 잉태 즉 발견(發見)을 의미한다. 사주(四柱)에서 제왕(帝旺)을 가진 사람은 왕성한 활동을 하는 사람이라 조직(組織) 내에서는 이런 사람들의 활동이 두드러진다.

- 부정적인 의미

제왕(帝旺)의 시기는 강한 추진력(推進力)으로 밀어붙이는 시기이기 때문에 피곤하다거나 독단(獨斷)적으로 흐를 가능성이 높다.

- 제왕(帝旺)의 특징

양간(陽干)의 왕지(旺支)는 같은 오행(五行)의 음의 지지(地支)이며, 음간(陰干)의 왕지(旺支)는 같은 오행의 양의 지지이다. 60갑자(六十甲子) 중에는 병오(丙午), 정사(丁巳), 무오(戊午), 기사(己巳), 임자(壬子), 계해(癸亥)의 6가지가 있다.

- 제왕(帝旺)의 키워드

왕성함(旺盛), 추진력(推進力), 반대 기운의 생성, 피곤함(疲困), 독단(獨斷).

7) 쇠(衰)

- 실질적인 의미

쇠(衰)라고 하는 것은 글자 그대로 육체적으로 전성기를 지나서 쇠퇴해져 가는 시기를 말한다. 여기서부터는 음적 영역(陰的領域)이 성장하는 시기로서 쇠(衰)의 반대편에 있는 양(養)을 주목해야 한다. 양(養)이라는 것이 태아가 스스로 자라거나 엄마가 뱃속에서 키우는 것처럼, 반대편에 있는 쇠(衰)의 단계는 육체는 쇠퇴해 가는 시기이지만 정신적인 부분을 배우거나 가르치는 것을 의미하게 된다. 반대편에 있는 양적 영역(陽的領域)의 양(養)의 특성을 정신으로 대체하면 된다.

지금부터의 음적 영역인 쇠병사묘절태(衰病死墓絶胎)는 양적 영역의 양생욕대록왕(養生浴帶祿旺)의 의미를 정신적인 영역으로 대체하면 된다. 사실은 이름만 부정적인 쇠병사묘 등으로 가지만, 양적 영역의 의미와 별반 다르지 않고 정신적인 면으로 의미를 대체하게 되면 부정적인 이름에 따른 해석의 불편함을 없애 주고 훨씬 매끄럽고 풍부한 해석을 할 수 있게 해 준다.

- 함축적인 의미

쇠(衰)의 함축적인 의미는 양(養)의 함축적인 의미인 배움(學)과 성장(成長), 그리고 가르치고 키우는 것인데, 여기서는 정신적인 배움(精神的 學習)과 성장, 정신적인 가르침과 정신적으로 키우는 것을 의미한다.

사주(四柱)에서 쇠(衰)를 가진 사람은 정신적 영역의 것을 배우기를 좋아하고 또한 남을 가르치는 것을 좋아하는 사람들이다. 양(養)과 마찬가지로 조직(組織)을 맡기면 잘 키워 나가는 면도 있으며, 정신적 영역의 배움과 가르침이니 종교적인 가르침(宗敎的敎化)을 주는 성직자의 면모라고 볼 수 있다.

- **부정적인 의미**

쇠(衰)의 부정적인 면은 양(養)과 마찬가지이다. 쇠하다는 것은 왕성함(旺盛)을 지나 쇠퇴해 가는 시기이기 때문에 활발한 활동과는 거리가 멀면서 조심스러운 시기가 된다. 따라서 사주(四柱)에 양(養)과 쇠(衰)를 가진 사람은 진중한 면이 강한 편이다.

- **쇠(衰)의 특징**

쇠(衰)는 어느 천간(天干)이든지 지지(地支)에 토(土)를 두고 있다. 지지에 토를 두는 12운성(十二運星)은 관대(冠帶)와 묘(墓), 양(養)과 쇠(衰)의 4가지가 있다. 60갑자(六十甲子) 중에는 갑진(甲辰), 을축(乙丑), 경술(庚戌), 신미(辛未)의 4가지가 있다.

정신적인 배움과 가르침이 쇠(衰)이며, 의복을 갖춰 입는 것이 관대(冠帶)이기 때문에 쇠(衰)와 관대(冠帶)를 가진 사람들이 전형적으로 성직자들이라고 볼 수 있다. 목사(牧師), 승려(僧侶), 신부(神父) 등은 모두 의관을 갖춰 입고 정신적인 면을 설하는 사람이기 때문이다.

- 쇠(衰)의 키워드

정신적인 배움과 가르침(精神的敎化), 조직의 정신적인 성장과 발전(組織的精神成長), 조심스러움(謹愼).

8) 병(病)

- 실질적인 의미

병(病)의 실질적인 의미는 육체가 쇠퇴하여 죽기 전에 병이 드는 것을 의미한다. 음적 영역(陰的領域)의 병(病)의 반대는 양적 영역(陽的領域)의 장생(長生)이다. 장생(長生)은 환경의 변화와 새로운 세상으로 나아감을 의미하는데 육체는 병(病)이 들지만 정신과 이상의 음적 영역(陰的領域)에서는 정신이 새로 태어나거나 새로운 정신적 영역(精神的領域)이 생김을 의미한다. 이 역시 새로운 정신세계(精神世界)의 출현은 뭔가의 아픔을 동반하게 된다.

간단한 예를 들면 커다란 병(病)에 걸린 이후에 건강에 대하여 새로운 인식을 한다거나 새로운 종교(宗敎)를 받아들이는 경우와 같은 것이다.

- 함축적인 의미

병(病)이 의미하는 함축적인 의미는 새로운 정신적 깨달음(精神的覺醒)이다. 일지(日支)나 지지(地支)에 병(病)이 있다고 부정적인 생각을 할 필요가 없이 정신적인 새로움을 각성(覺醒)하는 것으로 판단하는 것이 좋다.

사주(四柱)에 병(病)을 가진 사람은 정신적인 새로움을 추구하기에 장생(長生)처럼 무엇을 만들어 내는 것이 아니라 정신적인 깨달음(覺醒)으로 새로운 정신세계(精神世界)를 경험하는 사람이다. 따라서 오묘한 정신세계(精神世界)를 추구하거나 종교적인 입문(宗敎的入門) 등으로 나타나기도 한다.

- **부정적인 의미**

병(病) 자체가 의미하듯이 새로운 정신적 탄생(精神的誕生)을 위해서는 장생(長生)처럼 아픔(痛苦)을 맛보기도 한다. 가장 알기 쉬운 예로 병든 후에 건강의 중요성을 깨닫는 것이 병(病)의 전형적인 형태이다.

- **병(病)의 특징**

병(病)은 장생(長生)과 마찬가지로 양간(陽干)은 지지(地支)에서 인신사해(寅申巳亥)를 만나면 병(病)이나 절(絶)이 되고, 음간(陰干)은 지지(地支)에서 자오묘유(子午卯酉)를 만나면 병(病)이나 절(絶)이 된다. 60갑자(六十甲子) 중에는 병신(丙申), 정묘(丁卯), 무신(戊申), 기묘(己卯), 임인(壬寅), 계유(癸酉)의 6가지가 있다.

- **병(病)의 키워드**

정신적인 깨달음(精神的覺醒), 새로운 정신적 환경(新精神的環境), 아픔(痛苦), 고통(苦痛).

9) 사(死)

- 실질적인 의미

사(死)라는 단계는 육체가 병들어 죽음에 이르는 것을 뜻한다. 사(死)라는 음적 영역(陰的領域)의 반대는 목욕(沐浴)이라는 양적 단계(陽的段階)이다. 이로써 사(死)는 정신적인 걱정이 없는 즐거운 상태를 말하게 된다. 비록 일지(日支)나 지지(地支)에 사(死)를 가지고 있어도 죽음과는 아무런 관계가 없는 정신적인 즐거움을 의미하는 단계이다. 육체의 활동이 활발할 때에는 정신의 영역(精神的領域)이 약해져 있으나 육체의 활동이 약해지면서 정신적 활동은 더 신나게 활동을 하는 것이다. 이 단계 역시 정신적(精神的)인 즐거움을 맛보는 시기이기도 하지만 죽음에 따르는 여러 가지 번거로움으로 목욕(沐浴)과 마찬가지로 번거로움을 피해 가기 어렵다.

- 함축적인 의미

사(死)가 의미하는 함축적인 의미는 정신적(精神的)인 즐거움이다. 새로운 학문(學問)이나 영역(領域)을 찾아서 그 속에서 즐거움을 추구하는 단계이다. 정신적(精神的)인 즐거움을 추구하는 사람도 조직(組織)이나 사회생활(社會生活)에 있어서 갈등(葛藤)을 참지 못하고 반드시 해결되어야 안정(安定)이 된다.

- 부정적인 의미

사(死)의 부정적인 면은 목욕(沐浴)과 마찬가지로 약간의 의존성(依存性)과 정신적(精神的) 즐거움에 따르는 번거로움(煩瑣)이라고 할 수 있다.

- 사(死)의 특징

양간(陽干)은 지지(地支)에서 자오묘유(子午卯酉)를 만나면 사지(死支)나 태지(胎支)가 되며, 음간(陰干)은 지지(地支)에서 인신사해(寅申巳亥)를 만나면 사지(死支)나 태지(胎支)가 된다. 60갑자(六十甲子) 중에는 갑오(甲午), 을해(乙亥), 경자(庚子), 신사(辛巳)의 4가지가 있다.

- 사(死)의 키워드

정신적(精神的)인 즐거움, 학문(學問)을 파고듦, 번거로움(煩瑣).

10) 묘(墓)

- 실질적인 의미

묘(墓)라고 하는 것은 죽음을 맞이하여 시체를 묻어서 묘(墓)를 만들어 비석을 세우는 것을 말한다. 죽어서도 묘지(墓地)를 보면 여러 가지의 형태가 있고 그 사람의 일생(一生)을 간단하게 유추해 볼 수 있다. 묘(墓)의 반대되는 양적 단계(陽的段階)는 관대(冠帶)이다. 모자를 쓰고 띠를 차듯이 묘(墓)를 꾸미게 된다. 관대(冠帶)의 의미가 이성(異性)의 관심(關心)을 끌기 위하여 폼을 잡듯이 묘(墓)의 단계는 정신적인 폼을 잡는 단계이다. 내가 아는 것이 많고 물질적인 것을 초월한 정신세계(精神世界)의 우월함을 나타내는 단계이다.

- 함축적인 의미

묘(墓)의 함축적인 의미는 정신적인 멋부림이며 이를 과시하는 것이다.

남에게 내세우는 것이 육체적인 매력(魅力)이 아니라 정신적인 매력(魅力)을 과시하면서 관심(關心)을 끄는 것이다.

사주(四柱)에 묘(墓)를 가지고 있는 사람은 정신적인 매력(魅力)을 풍기면서 정신 승리(精神勝利)를 하는 사람들이다. 종교적 지도자(宗敎的指導者)들이 제복(制服)을 입는 것은 관대(冠帶)이지만 정신적인 영향을 대중(大衆)에게 과시하면서 설파(說破)하는 것은 묘(墓)에 해당한다.

- 부정적인 의미

관대(冠帶)와 마찬가지로 생기는 아쉬움인데 내가 많이 알고 정신적인 매력(魅力)이 풍부한 것 같으나 마음 한 켠에 있는 여전한 아쉬움을 가지고 있다.

- 묘(墓)의 특징

묘(墓)는 관대(冠帶)와 정반대에 위치하며 양간(陽干)이든 음간(陰干)이든 지지(地支)에서 토(土)를 만나게 된다. 음적 단계(陰的段階)에서는 지지(地支)에 토(土)를 두는 것이 쇠(衰)와 묘(墓) 두 가지가 있다. 60갑자(六十甲子) 중에는 병술(丙戌), 정축(丁丑), 무술(戊戌), 기축(己丑), 임진(壬辰), 계미(癸未)의 6가지가 있다.

- 묘(墓)의 키워드

정신적(精神的)인 멋부림, 정신적(精神的)으로 폼을 잡음, 아쉬움.

11) 절(絕)

- 실질적인 의미

절(絕)의 실질적인 의미는 육체적 관계가 완전히 끊어짐을 의미한다. 반대편의 양적 단계인 건록(建祿)이 만남을 의미하듯이 절(絕)은 육체와의 헤어짐을 의미한다. 그러면서 정신적인 만남이 생기는 단계가 절(絕)의 단계이다. 건록이 짝이나 회사 같은 실질적인 만남이라면 절(絕)은 정신적인 만남인 것이다.

- 함축적인 의미

절(絕)의 함축적인 의미는 정신적인 만남이다. 새로운 학문(學問)이라든가 새로운 사상(思想) 또는 영적 세계의 만남 같은 모든 정신적인 만남을 의미한다. 사주(四柱)에 절(絕)이 있는 사람은 새로운 정신적 만남을 경험하게 되는 경우가 많으며 기존의 것을 탈피하게 된다. 예를 들면 불교(佛敎)에 입문했다가 나중에 천주교로 바꾸는 것과 같은 정신적인 만남과 헤어짐을 경험하게 된다.

- 부정적인 의미

절(絕)의 부정적인 의미는 헤어짐(別離)이다. 물론 실질적 헤어짐(實質的 別離)보다는 정신적인 헤어짐(精神的 別離)을 의미하게 된다.

- 절(絕)의 특징

절(絕)은 지지(地支)에서 천간(天干)과 지지(地支)가 극(剋)하는 관계로서 음양(陰陽)이 같은 경우이다. 60갑자(六十甲子) 중에는 지지(地支)가 천간(天干)을 극(剋)하는 갑신(甲申), 을유(乙酉)가 있고 천간(天干)이 지지(地支)를 극(剋)하는 경인(庚寅), 신묘(辛卯)가 있어 모두 4개가 있다. 그러나 병화(丙火)가 해(亥)를 만나거나 정화(丁火)가 자수(子水)를 만나는 것도 모두 절(絶)이 된다.

- 절(絶)의 키워드

정신적인 만남(精神的 出會), 헤어짐(別離).

12) 태(胎)

- 실질적인 의미

태(胎)라고 하는 것은 육체적인 생명체(生命體)가 태어나서 자라나고 왕성한 활동을 한 다음에 늙어서 병들고 죽음에 이르러 묘(墓)에 들어간 다음에 완전히 육체적인 삶(生命)이 끊어진 후에 다시 부모의 몸속에서 잉태하는 것을 말한다. 이 단계에서 육체적인 시작이 되기 때문에 태단계(胎段階)에서부터 12운성(十二運星)의 시작이라고 보는 사람들도 있고 때로는 세상에 태어나면서 육체적 삶(生命)이 시작되므로 장생(長生)에서부터 12운성(十二運星)의 시작으로 보는 사람들도 있다. 12운성(十二運星)이라는 것이 윤회의 의미도 있어 시작은 그리 중요하지 않다.

절(絶)의 단계에서 정신적인 만남이 이루어지고 태(胎)에서는 반대편의 양적 영역(陽的 領域)의 제왕(帝旺)으로 이 단계에서는 정신적인 활동이 가장 왕성한 시기가 된다.

- 함축적인 의미

태(胎)의 함축적인 의미는 정신적인 왕성함이다. 항상 최고조의 왕성함 뒤에는 반대되는 양적 영역(陽的 領域)이 탄생하는 것이니 태(胎)는 정신적인 왕성함이 최고조에 이르니 육체적인 잉태(孕胎)를 하게 되는 것이다.

- 부정적인 의미

태(胎)의 시기(時期)는 정신적인 왕성함과 추진력으로 독단적 판단을 주의해야 하고 정신적 피곤함이 나타날 수 있다.

- 태(胎)의 특징

태(胎)는 지지(地支)에서 천간(天干)과 지지(地支)가 극(剋)하는 관계로서 음양(陰陽)이 다른 경우이다. 60갑자(六十甲子) 중에는 천간(天干) 지지(地支)가 서로 극(剋)하는 병자(丙子), 정유(丁酉)가 있고 천간(天干)이 지지(地支)를 극(剋)하는 무자(戊子), 기해(己亥), 임오(壬午), 계사(癸巳)가 있어 모두 6개가 있다. 그러나 갑목(甲木)이 유금(酉金)을 만나거나 을목(乙木)이 신금(申金)을 만나는 것도 모두 태(胎)가 된다.

- 태(胎)의 키워드

정신적 왕성함(精神的 旺盛), 추진력(推進力), 정신적인 독단(精神的 獨斷), 피곤함(疲倦).

3-4.
각 단계별 정리

1) 12운성 단계별 정리

12운성	육체적 현실적	정신적 이상적	양적, 음적 영역
양	길러짐	약해짐	양
장생	태어남	병듦	양
목욕	자라남	죽음	양
관대	의관 갖춤	묘에 들어감	양
건록	짝을 만남	끊어짐	양
제왕	왕성한 활동	잉태함	양
쇠	약해짐	길러짐	음
병	병듦	태어남	음
사	죽음	자라남	음
묘	묘에 들어감	의관 갖춤	음
절	끊어짐	짝을 만남	음
태	잉태함	왕성한 활동	음

2) 의미에 따른 12운성의 정리

의미별	육체적 현실적	정신적 이상적	양적, 음적 영역
길러짐	양	쇠	양음
태어남	장생	병	양음
자라남	목욕	사	양음
의관 갖춤	관대	묘	양음
짝을 만남	건록	절	양음
왕성한 활동	제왕	태	양음
약해짐	쇠	양	음양
병듦	병	장생	음양
죽음	사	목욕	음양
묘에 들어감	묘	관대	음양
끊어짐	절	건록	음양
잉태함	태	제왕	음양

3) 음적 영역의 새로운 해석

　음적 영역(陰的領域)이란 위에서 말한 대로 쇠(衰), 병(病), 사(死), 묘(墓), 절(絶), 태(胎)의 단계로서 말만 들어도 그리 반갑지 않은 단계이다. 특히 일주(日柱)가 음적 12운성(十二運星)에 앉아 있으면 내 자신이 쇠(衰)한 사람이란 말인지, 병(病)을 갖고 있는 사람인지, 죽음을 끼고 있는 사람인지, 묘지(墓地) 위에 앉아 있다는 말인지, 끊어진 절망적인 상황에 있는 것인지, 아니면 이제 갓 잉태(孕胎)한 상태라는 것인지 등등의 부정적인 의미의 일주(日柱)가 되어 기분부터 좋은 상황은 아니게 된다.

십성(十星)에서 재성(財星)이나 관성(官星), 인성(印星)이 정편(正偏)이 있듯이 12운성(十二運星)도 6단계에서 음양(陰陽)이 있다고 생각하면 된다. 양(養)은 쇠(衰)와 같고, 장생(長生)은 병(病)과 같고, 목욕(沐浴)은 사(死)와 같고, 관대(冠帶)는 묘(墓)와 같고, 건록(建祿)은 절(絶)과 같고, 제왕(帝旺)은 태(胎)와 같다고 보면 된다.

일반적으로 생(生)에서부터 양(養)까지 12단계의 12운성(十二運星)의 각 단계가 어떠하다고 파악하는 것보다는 양(養)에서부터 양적 영역(陽的 領域)인 제왕(帝旺)까지의 6단계만 알면, 음적 영역(陰的 領域)의 쇠(衰), 병(病), 사(死), 묘(墓), 절(絶), 태(胎)는 양적 영역(陽的 領域)의 12운성(十二運星) 6가지를 정신으로 대체하면 쉽게 이해할 수 있다.

3-5.
각 단계별 일주(日柱)의 특성

1) 양(養)

60갑자(六十甲子) 중에서 밑에 양(陽)을 두는 것은 갑술(甲戌), 을미(乙未), 경진(庚辰), 신축(辛丑)의 4개가 있다.

일주(日主)가 이러한 양을 밑에 두고 있다면 배우고 가르치는 일이나 조직을 잘 이끌어 나가는 사람이라고 볼 수 있다. 그러면서도 항상 무리하지 않는 조심스러운 면을 가지고 있다.

만일에 정관(正官) 아래에 양이 있다면 정관의 속성이 배우고 가르치는 것이니 전형적인 교육 기관(教育機關)이라고 볼 수 있다.

기토일간(己土日干)이 갑술을 보는 경우, 무토일간(戊土日干)이 을미를 보는 경우, 을목일간(乙木日干)이 경진을 보는 경우, 갑목일간(甲木日干)이 신축을 보는 경우 등이다.

꼭 일간(日干) 밑에 있지 않아도 년지(年支), 월지(月支), 시지(時支)에서도 이러한 양이 보인다면 마찬가지로 일간은 그러한 성향을 보이게 된다.

즉,

- 갑목일간(甲木日干)이 지지(地支)에서 술(戌)을 본다거나,
- 을목일간(乙木日干)이 지지에서 미(未)를 본다거나,
- 병화일간(丙火日干)이 지지에서 축(丑)을 본다거나,
- 정화일간(丁火日干)이 지지에서 술(戌)을 본다거나,
- 무토일간(戊土日干)이 지지에서 축(丑)을 본다거나,
- 기토일간(己土日干)이 지지에서 술(戌)을 본다거나,
- 경금일간(庚金日干)이 지지에서 진(辰)을 본다거나,
- 신금일간(辛金日干)이 지지에서 축(丑)을 본다거나,
- 임수일간(壬水日干)이 지지에서 미(未)를 본다거나,
- 계수일간(癸水日干)이 지지에서 진(辰)을 볼 경우에도 이러한 성향은 나타나게 된다.

2) 장생(長生)

60갑자(六十甲子) 중에서 밑에 장생(長生)을 두는 것은 병인(丙寅), 정유(丁酉), 무인(戊寅), 기유(己酉), 임신(壬申), 계묘(癸卯)의 6개가 있다.

일주(日主)가 이러한 장생을 밑에 두고 있다면 새로운 환경에 나아가게 되고, 없던 무엇인가를 창조해 내는 능력을 가진 사람이라고 볼 수 있다.

이러한 장생은 반드시 아픔 속에서 탄생하게 된다. 좋은 일은 어려움의 끝에 성취를 맛보게 되지만, 환락의 끝에는 어두운 환경으로 나아감을 의미하게 됨을 깨달아야 한다.

예를 들어 정관(正官) 아래에 장생이 있다면 이직처럼 직장이 자주 생긴다거나 직장 내에서 뭔가를 만들어 내는 창조적인 역할을 한다고도 볼 수 있다.

신금일간(辛金日干)이 병인(丙寅)을 보는 경우, 경금일간(庚金日干)이 정유(丁酉)를 보는 경우 등이다.

꼭 일간(日干) 밑에 있지 않아도 년지(年支), 월지(月支), 시지(時支)에서도 이러한 장생이 보인다면 마찬가지로 일간은 그러한 성향을 보이게 된다.

즉,
- 갑목일간(甲木日干)이 지지(地支)에서 해(亥)를 본다거나,
- 을목일간(乙木日干)이 지지에서 오(午)를 본다거나,
- 병화일간(丙火日干)이 지지에서 인(寅)을 본다거나,
- 정화일간(丁火日干)이 지지에서 유(酉)를 본다거나,
- 무토일간(戊土日干)이 지지에서 인(寅)을 본다거나,
- 기토일간(己土日干)이 지지에서 유(酉)를 본다거나,
- 경금일간(庚金日干)이 지지에서 사(巳)를 본다거나,
- 신금일간(辛金日干)이 지지에서 자(子)를 본다거나,
- 임수일간(壬水日干)이 지지에서 신(申)을 본다거나,
- 계수일간(癸水日干)이 지지에서 묘(卯)를 볼 경우에도 이러한 성향은 나타나게 된다.

3) 목욕(沐浴)

60갑자(六十甲子) 중에서 밑에 목욕(沐浴)을 두는 것은 갑자(甲子), 을사(乙巳), 경오(庚午), 신해(辛亥)의 4개가 있다.

일주(日主)가 이러한 목욕을 밑에 두고 있다면 별로 걱정이 없는 즐거운 스타일이며, 조직을 이끌어 갈 때에도 위엄보다는 즐거운 분위기를 만들어 나가는 사람이라고 볼 수 있다. 그러나 그에 따른 번거로움은 피하기 어렵다.

만일에 정관(正官) 아래에 목욕이 있다면 정관의 속성이 즐거움이므로 즐거운 직장이라거나 직장 생활이 즐거움을 의미하게 된다.
기토일간(己土日干)이 갑자(甲子)를 보는 경우 등이다.

꼭 일간(日干) 밑에 있지 않아도 년지(年支), 월지(月支), 시지(時支)에서도 이러한 목욕이 보인다면 마찬가지로 일간은 그러한 성향을 보이게 된다.

즉,
- 갑목일간(甲木日干)이 지지(地支)에서 자(子)를 본다거나,
- 을목일간(乙木日干)이 지지에서 사(巳)를 본다거나,
- 병화일간(丙火日干)이 지지에서 묘(卯)를 본다거나,
- 정화일간(丁火日干)이 지지에서 신(申)을 본다거나,
- 무토일간(戊土日干)이 지지에서 묘(卯)를 본다거나,

- 기토일간(己土日干)이 지지에서 신(申)을 본다거나,
- 경금일간(庚金日干)이 지지에서 오(午)를 본다거나,
- 신금일간(辛金日干)이 지지에서 해(亥)를 본다거나,
- 임수일간(壬水日干)이 지지에서 유(酉)를 본다거나,
- 계수일간(癸水日干)이 지지에서 인(寅)을 볼 경우에도 이러한 성향은 나타나게 된다.

4) 관대(冠帶)

60갑자(六十甲子) 중에서 밑에 관대(冠帶)를 두는 것은 병진(丙辰), 정미(丁未), 무진(戊辰), 기미(己未), 임술(壬戌), 계축(癸丑)의 6개가 있다.

일주(日主)가 이러한 관대를 밑에 두고 있다면 이성(異性)의 관심을 끌기 위하여 멋을 내거나 모자를 쓴다거나 제복(制服)을 입는 것과 같은 의관(衣冠)에 관심을 두게 된다.

여기서의 제복이라 함은 군(軍), 경(警), 판사(判事), 의사(醫師), 간호사(看護師), 승무원(乘務員), 목사(牧師), 승려(僧侶) 등과 같은 많은 직업군이 있다.

이러한 관대는 비록 폼은 나지만 필연적으로 아쉬움을 동반하는 과정을 겪게 된다.

만약 정관(正官) 아래에 관대가 있다면 내가 다니는 직장이 남들이 볼 때에 폼 나는 직장이거나 제복을 입는 직장일 가능성이 높게 된다.

신금일간(辛金日干)이 병진(丙辰)을 보는 경우 등이다.

꼭 일간(日干) 밑에 있지 않아도 년지(年支), 월지(月支), 시지(時支)에
서도 이러한 관대가 보인다면 마찬가지로 일간은 그러한 성향을 보이게
된다.

즉,
- 갑목일간(甲木日干)이 지지(地支)에서 축(丑)을 본다거나,
- 을목일간(乙木日干)이 지지에서 진(辰)을 본다거나,
- 병화일간(丙火日干)이 지지에서 진(辰)을 본다거나,
- 정화일간(丁火日干)이 지지에서 미(未)를 본다거나,
- 무토일간(戊土日干)이 지지에서 진(辰)을 본다거나,
- 기토일간(己土日干)이 지지에서 미(未)를 본다거나,
- 경금일간(庚金日干)이 지지에서 미(未)를 본다거나,
- 신금일간(辛金日干)이 지지에서 술(戌)을 본다거나,
- 임수일간(壬水日干)이 지지에서 술(戌)을 본다거나,
- 계수일간(癸水日干)이 지지에서 축(丑)을 볼 경우에도 이러한 성향
  은 나타나게 된다.

5) 건록(建祿)

60갑자(六十甲子) 중에서 밑에 건록(建祿)을 두는 것은 갑인(甲寅), 을
묘(乙卯), 경신(庚申), 신유(辛酉)의 4개가 있다.

일주(日主)가 이러한 건록을 밑에 두고 있다면 만남이 주가 되는데, 이
는 사람을 만날 수도 있고, 회사에 취직함으로써 직장을 만날 수도 있고,

공부를 하다가 특별한 학문을 만날 수도 있는 등등의 만남이 주가 되는 사람이라고 볼 수 있다. 이러한 만남은 항상 지난 것으로부터 헤어짐을 수반하기 마련이다. 그리고 그 만남이 내가 원하는 좋은 만남일 수도, 아니면 내가 원하지 않던 나쁜 만남일 수도 있다.

만약에 관성(官星) 아래에 건록이 있다면 나는 관성(官星), 즉 직장이나 이성(異性, 남성)을 반드시 만나게 되어 있다. 또는 직장이나 이성과의 헤어짐을 반드시 맛보게 되는 것이다.
기토일간(己土日干)이 갑인(甲寅)을 보거나, 을목일간(乙木日干)이 경신(庚申)을 보는 경우이다.

꼭 일간(日干) 밑에 있지 않아도 년지(年支), 월지(月支), 시지(時支)에서도 이러한 건록이 보인다면 마찬가지로 일간은 그러한 성향을 보이게 된다.

즉,
- 갑목일간(甲木日干)이 지지(地支)에서 인(寅)을 본다거나,
- 을목일간(乙木日干)이 지지에서 묘(卯)를 본다거나,
- 병화일간(丙火日干)이 지지에서 사(巳)를 본다거나,
- 정화일간(丁火日干)이 지지에서 오(午)를 본다거나,
- 무토일간(戊土日干)이 지지에서 사(巳)를 본다거나,
- 기토일간(己土日干)이 지지에서 오(午)를 본다거나,
- 경금일간(庚金日干)이 지지에서 신(申)을 본다거나,

- 신금일간(辛金日干)이 지지에서 유(酉)를 본다거나,
- 임수일간(壬水日干)이 지지에서 해(亥)를 본다거나,
- 계수일간(癸水日干)이 지지에서 자(子)를 볼 경우에도 이러한 성향은 나타나게 된다.

6) 제왕(帝旺)

60갑자(六十甲子) 중에서 밑에 제왕(帝旺)을 두는 것은 병오(丙午), 정사(丁巳), 무오(戊午), 기사(己巳), 임자(壬子), 계해(癸亥)의 6개가 있다.

일주(日主)가 이러한 제왕을 밑에 두고 있다면 왕성한 활동을 하면서 끊임없는 추진력을 가진 사람이라고 볼 수 있다. 이러한 제왕은 반드시 피곤함이나 독단적인 성향을 갖게 된다.

예를 들어 관성(官星) 아래에 제왕이 있다면 직장이나 이성(異性)의 속성이 활달하게 왕성한 활동을 하는 직장이나 이성을 의미하게 된다.
신금일간(辛金日干)이 병오(丙午)를 보거나 정화일간(丁火日干)이 임자(壬子)를 보는 경우이다.

꼭 일간(日干) 밑에 있지 않아도 년지(年支), 월지(月支), 시지(時支)에서도 이러한 제왕이 보인다면 마찬가지로 일간은 그러한 성향을 보이게 된다.

즉,

- 갑목일간(甲木日干)이 지지(地支)에서 묘(卯)를 본다거나,
- 을목일간(乙木日干)이 지지에서 인(寅)을 본다거나,
- 병화일간(丙火日干)이 지지에서 오(午)를 본다거나,
- 정화일간(丁火日干)이 지지에서 사(巳)를 본다거나,
- 무토일간(戊土日干)이 지지에서 오(午)를 본다거나,
- 기토일간(己土日干)이 지지에서 사(巳)를 본다거나,
- 경금일간(庚金日干)이 지지에서 유(酉)를 본다거나,
- 신금일간(辛金日干)이 지지에서 신(申)을 본다거나,
- 임수일간(壬水日干)이 지지에서 자(子)를 본다거나,
- 계수일간(癸水日干)이 지지에서 해(亥)를 볼 경우에도 이러한 성향은 나타나게 된다.

7) 쇠(衰)

여기서부터는 음적 영역(陰的領域)의 12운성(十二運星)으로, 반대되는 양(養), 장생(長生), 목욕(沐浴), 관대(冠帶), 건록(建祿), 제왕(帝旺)과 같다고 보면 된다. 그러나 현실과 육체적인 면을 이상과 정신적인 면으로 대체하면 된다.

60갑자(六十甲子) 중에서 밑에 쇠(衰)를 두는 것은 갑진(甲辰), 을축(乙丑), 경술(庚戌), 신미(辛未)의 4개가 있다.

일주(日主)가 이러한 쇠를 밑에 두고 있다면 정신적인 것을 배우고 가

르치는 일이나 조직을 잘 이끌어 나가는 사람이라고 볼 수 있다. 그러면서도 항상 무리하지 않는 조심스러운 면을 가지고 있다.

만일에 정관(正官) 아래에 쇠가 있다면 정관의 속성이 정신적인 것을 배우고 가르치는 것이니 기술이나 예체능을 가르치지 않는 문과적인 교육 기관이라고 볼 수 있다.

기토일간(己土日干)이 갑진(甲辰)을 보는 경우, 무토일간(戊土日干)이 을축(乙丑)을 보는 경우, 을목일간(乙木日干)이 경술(庚戌)을 보는 경우, 갑목일간(甲木日干)이 신미(辛未)를 보는 경우 등이다.

꼭 일간(日干) 밑에 있지 않아도 년지(年支), 월지(月支), 시지(時支)에서도 이러한 쇠가 보인다면 마찬가지로 일간은 그러한 성향을 보이게 된다.

즉,
- 갑목일간(甲木日干)이 지지(地支)에서 진(辰)을 본다거나,
- 을목일간(乙木日干)이 지지에서 축(丑)을 본다거나,
- 병화일간(丙火日干)이 지지에서 미(未)를 본다거나,
- 정화일간(丁火日干)이 지지에서 진(辰)을 본다거나,
- 무토일간(戊土日干)이 지지에서 미(未)를 본다거나,
- 기토일간(己土日干)이 지지에서 진(辰)을 본다거나,
- 경금일간(庚金日干)이 지지에서 술(戌)을 본다거나,
- 신금일간(辛金日干)이 지지에서 미(未)를 본다거나,
- 임수일간(壬水日干)이 지지에서 축(丑)을 본다거나,

• 계수일간(癸水日干)이 지지에서 술(戌)을 볼 경우에도 이러한 성향
  은 나타나게 된다.

8) 병(病)

60갑자(六十甲子) 중에서 밑에 병(病)을 두는 것은 병신(丙申), 정묘(丁卯), 무신(戊申), 기묘(己卯), 임인(壬寅), 계유(癸酉)의 6개가 있다.

일주(日主)가 이러한 병을 밑에 두고 있다면 새로운 정신적 깨달음에 나아가게 되고, 없던 정신적인 무엇인가를 창조해 내는 능력을 가진 사람이라고 볼 수 있다. 이러한 병은 반드시 아픔 속에서 탄생하게 된다. 우리들 대부분은 커다란 병(病)에 걸린 후에야 건강의 소중함을 깨닫게 되는 것이 병(病)이다.

예를 들어 정관(正官) 아래에 병이 있다면 이직처럼 직장이 자주 생긴다거나 직장 내에서 정신적인 뭔가를 만들어 내는 창조적인 역할을 한다고도 볼 수 있다.

신금일간(辛金日干)이 병신(丙申)을 보는 경우, 경금일간(庚金日干)이 정묘(丁卯)를 보는 경우 등이다.

꼭 일간(日干) 밑에 있지 않아도 년지(年支), 월지(月支), 시지(時支)에서도 이러한 병이 보인다면 마찬가지로 일간은 그러한 성향을 보이게 된다.

즉,

- 갑목일간(甲木日干)이 지지(地支)에서 사(巳)를 본다거나,
- 을목일간(乙木日干)이 지지에서 자(子)를 본다거나,
- 병화일간(丙火日干)이 지지에서 신(申)을 본다거나,
- 정화일간(丁火日干)이 지지에서 묘(卯)를 본다거나,
- 무토일간(戊土日干)이 지지에서 신(申)을 본다거나,
- 기토일간(己土日干)이 지지에서 묘(卯)를 본다거나,
- 경금일간(庚金日干)이 지지에서 해(亥)를 본다거나,
- 신금일간(辛金日干)이 지지에서 오(午)를 본다거나,
- 임수일간(壬水日干)이 지지에서 인(寅)을 본다거나,
- 계수일간(癸水日干)이 지지에서 유(酉)를 볼 경우에도 이러한 성향은 나타나게 된다.

9) 사(死)

60갑자(六十甲子) 중에서 밑에 사(巳)를 두는 것은 갑오(甲午), 을해(乙亥), 경자(庚子), 신사(辛巳)의 4개가 있다.

일주(日主)가 이러한 사(巳)를 밑에 두고 있다면 별로 정신적인 걱정이 없는 즐거운 스타일이며, 조직을 이끌어 갈 때에도 위엄보다는 정신적으로 즐거운 분위기를 만들어 나가는 사람이라고 볼 수 있다. 그러나 그에 따른 번거로움은 피하기 어렵다.

만일에 정관(正官) 아래에 사(巳)가 있다면 정관의 속성이 정신적인 즐

거움이므로 즐거운 직장이라거나 직장생활이 정신적으로 즐겁다는 것을 의미하게 된다. 기토일간(己土日干)이 갑오(甲午)를 보는 경우 등이다.

꼭 일간(日干) 밑에 있지 않아도 년지(年支), 월지(月支), 시지(時支)에서도 이러한 사(巳)가 보인다면 마찬가지로 일간은 그러한 성향을 보이게 된다.

즉,
- 갑목일간(甲木日干)이 지지(地支)에서 오(午)를 본다거나,
- 을목일간(乙木日干)이 지지에서 해(亥)를 본다거나,
- 병화일간(丙火日干)이 지지에서 유(酉)를 본다거나,
- 정화일간(丁火日干)이 지지에서 인(寅)을 본다거나,
- 무토일간(戊土日干)이 지지에서 유(酉)를 본다거나,
- 기토일간(己土日干)이 지지에서 인(寅)을 본다거나,
- 경금일간(庚金日干)이 지지에서 자(子)를 본다거나,
- 신금일간(辛金日干)이 지지에서 사(巳)를 본다거나,
- 임수일간(壬水日干)이 지지에서 묘(卯)를 본다거나,
- 계수일간(癸水日干)이 지지에서 신(申)을 볼 경우에도 이러한 성향은 나타나게 된다.

10) 묘(墓)

60갑자(六十甲子) 중에서 밑에 묘(卯)를 두는 것은 병술(丙戌), 정축(丁

丑), 무술(戊戌), 기축(己丑), 임진(壬辰), 계미(癸未)의 6개가 있다.

일주(日主)가 이러한 묘(卯)를 밑에 두고 있다면 정신적인 멋부림이나 과시를 하는 소위 말하는 정신 승리를 하는 사람들이다. 묘(卯)는 관대(冠帶)와 거의 같으나 의관(衣冠)에는 거의 관심이 없고 정신적인 치장을 하는 사람들이니 공부도 많이 하고 아는 체를 하게 된다. 묘(卯)는 비록 정신적인 품은 나지만 필연적으로 아쉬움을 동반하는 과정을 겪게 된다. 소위 말하는 입묘(入卯)라는 것은 누가 지어낸 말인지는 모르겠으나 별로 신빙성은 없다.

만약 정관(正官) 아래에 묘(卯)가 있다면 내가 다니는 직장이 정신적으로 괜찮은 직장이거나 여자에게 남자가 그런대로 정신적으로 만족을 주는 상대일 수 있다. 그래도 마음 한 켠으로 아쉬움이 남는 것은 어쩔 수 없다.

신금일간(辛金日干)이 병술(丙戌)을 보는 경우, 정화일간(丁火日干)이 임진(壬辰)을 보는 경우 등이다.

꼭 일간(日干) 밑에 있지 않아도 년지(年支), 월지(月支), 시지(時支)에서도 이러한 묘(卯)가 보인다면 마찬가지로 일간은 그러한 성향을 보이게 된다.

즉,
- 갑목일간(甲木日干)이 지지(地支)에서 미(未)를 본다거나,
- 을목일간(乙木日干)이 지지에서 술(戌)을 본다거나,
- 병화일간(丙火日干)이 지지에서 술(戌)을 본다거나,

- 정화일간(丁火日干)이 지지에서 축(丑)을 본다거나,
- 무토일간(戊土日干)이 지지에서 술(戌)을 본다거나,
- 기토일간(己土日干)이 지지에서 축(丑)을 본다거나,
- 경금일간(庚金日干)이 지지에서 축(丑)을 본다거나,
- 신금일간(辛金日干)이 지지에서 진(辰)을 본다거나,
- 임수일간(壬水日干)이 지지에서 진(辰)을 본다거나,
- 계수일간(癸水日干)이 지지에서 미(未)를 볼 경우에도 이러한 성향은 나타나게 된다.

11) 절(絶)

60갑자(六十甲子) 중에서 밑에 절(絶)을 두는 것은 갑신(甲申), 을유(乙酉), 경인(庚寅), 신묘(辛卯)의 4개가 있다.

일주(日主)가 이러한 절(絶)을 밑에 두고 있다면 정신적인 만남이 주가 되는데 이는 새로운 학문(學問), 사상(思想), 종교(宗敎) 같은 영적인 만남을 주로 하는 사람들이다. 이러한 만남은 항상 지난 것으로부터 헤어짐을 수반하기 마련이다. 예를 들면 불교(佛敎)에서 기독교(基督敎)로 전향하는 것과 같은 것으로 하나를 포기하면서 다른 새로운 만남을 의미한다. 그리고 그 만남의 호불호는 판단하지 않는다.

만약에 관성(官星) 아래에 절(絶)이 있다면 나는 관성(官星), 즉 직장(職場)이나 이성(異性, 남성)을 만나게 되지만 정신적인 만남의 비중이 크게 된다. 그리고 직장이나 이성과의 헤어짐도 맛보게 되는 것이다.

기토일간(己土日干)이 갑신(甲申)을 보거나 을목일간(乙木日干)이 경인(庚寅)을 보는 경우이다.

꼭 일간(日干) 밑에 있지 않아도 년지(年支), 월지(月支), 시지(時支)에서도 이러한 절(絶)이 보인다면 마찬가지로 일간은 그러한 성향을 보이게 된다.

즉,
- 갑목일간(甲木日干)이 지지(地支)에서 신(申)을 본다거나,
- 을목일간(乙木日干)이 지지에서 유(酉)를 본다거나,
- 병화일간(丙火日干)이 지지에서 해(亥)를 본다거나,
- 정화일간(丁火日干)이 지지에서 자(子)를 본다거나,
- 무토일간(戊土日干)이 지지에서 해(亥)를 본다거나,
- 기토일간(己土日干)이 지지에서 자(子)를 본다거나,
- 경금일간(庚金日干)이 지지에서 인(寅)을 본다거나,
- 신금일간(辛金日干)이 지지에서 묘(卯)를 본다거나,
- 임수일간(壬水日干)이 지지에서 사(巳)를 본다거나,
- 계수일간(癸水日干)이 지지에서 오(午)를 볼 경우에도 이러한 성향은 나타나게 된다.

12) 태(胎)

60갑자(六十甲子) 중에서 밑에 태(胎)를 두는 것은 병자(丙子), 정해(丁

亥), 무자(戊子), 기해(己亥), 임오(壬午), 계사(癸巳)의 6개가 있다.

일주(日主)가 이러한 태(胎)를 밑에 두고 있다면 왕성한 정신적인 활동(活動)을 하는 사람이라고 볼 수 있다. 이러한 태(胎)는 반드시 정신적인 피곤함(疲困)을 갖는 성향(性向)을 갖게 된다.

예를 들어 관성(官星) 아래에 태(胎)가 있다면 직장(職場)이나 이성(異性)의 속성이 왕성한 정신적인 활동을 하는 직장이나 이성을 의미하게 된다.

신금일간(辛金日干)이 병자(丙子)를 보거나 정화일간(丁火日干)이 임오(壬午)를 보는 경우이다.

꼭 일간(日干) 밑에 있지 않아도 년지(年支), 월지(月支), 시지(時支)에서도 이러한 태(胎)가 보인다면 마찬가지로 일간은 그러한 성향을 보이게 된다.

즉,
- 갑목일간(甲木日干)이 지지(地支)에서 유(酉)를 본다거나,
- 을목일간(乙木日干)이 지지에서 신(申)을 본다거나,
- 병화일간(丙火日干)이 지지에서 자(子)를 본다거나,
- 정화일간(丁火日干)이 지지에서 해(亥)를 본다거나,
- 무토일간(戊土日干)이 지지에서 자(子)를 본다거나,
- 기토일간(己土日干)이 지지에서 해(亥)를 본다거나,
- 경금일간(庚金日干)이 지지에서 묘(卯)를 본다거나,
- 신금일간(辛金日干)이 지지에서 인(寅)을 본다거나,

- 임수일간(壬水日干)이 지지에서 오(午)를 본다거나,
- 계수일간(癸水日干)이 지지에서 사(巳)를 볼 경우에도 이러한 성향은 나타나게 된다.

4.

12운성(運星)의
새로운 탐구(2)

4-1.
삼합(三合)과 12운성(運星)

지지(地支)에서의 삼합(三合)은 12운성(十二運星)과 아주 밀접한 관계가 있다. 삼합(三合)의 구성이 12운성(十二運星)의 생지(生地), 왕지(旺地), 묘지(墓地)의 3개로 구성되어 있기 때문이다. 그러나 이 삼합(三合)을 설명하는 과정에서 약간의 오류가 보이는데 대표적인 것이 인오술(寅午戌) 삼합(三合)은 화(火)의 운동(運動), 신자진(申子辰)은 수(水)의 운동(運動), 해묘미(亥卯未)는 목(木)의 운동(運動), 사유축(巳酉丑)은 금(金)의 운동(運動)이라고 하는 것이다.

삼합(三合)의 운동성(運動性)을 목(木), 화(火), 금(金), 수(水)의 운동(運動)이라고 하는 것은 틀린 말은 아니나 이는 양간(陽干) 위주로 말하는 것이고, 음간(陰干)까지 함께 말하게 되면 많이 달라지게 된다.

특히 12운성(十二運星)에 있어서 양간(陽干)과 음간(陰干)에 대한 오해들이 많이 있는데 음의 12운성(陰의 十二運星)은 맞지 않으니 양간(陽干)과 같은 것으로 본다거나, 양간(陽干)과 음간(陰干)의 흐름(流動)의 순역(順逆)에 대하여도 많은 의견 차이를 보이고 있다.

그러나 이 삼합(三合)에서의 음간(陰干)의 흐름(流動)을 보면 많은 오해를 해결할 수 있다.

4-2.
인오술(寅午戌) 삼합(三合)

먼저 인오술(寅午戌) 삼합(三合)을 보자. 아래의 그림을 보면 인(寅)은 병화(丙火)의 생지(生地)이고, 오(午)는 병화(丙火)의 왕지(旺地)이며, 술(戌)은 병화(丙火)의 묘지(墓地)이다. 따라서 인오술(寅午戌) 삼합(三合)은 병화(丙火) 운동을 하는 것으로 볼 수 있다.

오(午)

인(寅)   술(戌)

그러나 아래의 그림에서 보듯이 오는 을목(乙木)의 생지(生地)이고, 인(寅)은 을목(乙木)의 왕지(旺地)이며, 술(戌)은 을목(乙木)의 묘지(墓地)이다. 따라서 오인술(午寅戌) 삼합(三合)은 을목(乙木) 운동을 하는 것으로 보아야 한다.

인(寅)

오(午)   술(戌)

삼합(三合)을 공부하면서 항상 인오술(寅午戌)은 병화(丙火) 운동(運動)과 함께 을목(乙木) 운동을 하는 것이 아니라 단지 화(火) 운동만 한다고 생각하기 때문에 많은 오류가 생기게 된다.

인오술(寅午戌) 삼합(三合)은 병화(丙火)나 을목(乙木)의 운동이면서 병화(丙火)나 을목(乙木)을 입묘(入墓)시키게 된다. (여기서의 입묘(入墓) 작용은 그리 신빙성 있는 내용은 아니나 많은 사람들이 그리 알고 있는 내용이라서 참고 삼아 적어 본 것이다.)

이제부터 인오술(寅午戌) 삼합(三合)은 병화(丙火) 운동이면서 을목(乙木) 운동이라는 것을 명심하자.

4-3.
신자진(辛子辰) 삼합(三合)

다음에는 신자진(辛子辰) 삼합(三合)을 보자. 아래의 그림을 보면 신(辛)은 임수(壬水)의 생지(生地)이고, 자(子)는 임수(壬水)의 왕지(旺地)이며, 진(辰)은 임수(壬水)의 묘지(墓地)이다. 따라서 신자진(辛子辰) 삼합(三合)은 임수(壬水) 운동(運動)을 하는 것으로 볼 수 있다.

자(子)

신(辛)　　　진(辰)

그러나 아래의 그림에서 보듯이 자(子)는 신금(辛金)의 생지(生地)이고, 신(辛)은 신금(辛金)의 왕지(旺地)이며, 진(辰)은 신금(辛金)의 묘지(墓地)이다. 따라서 자신진(子辛辰) 삼합(三合)은 신금(辛金) 운동(運動)을 하는 것으로 보아야 한다.

신(辛)

자(子)　　　진(辰)

신자진(辛子辰) 삼합(三合)은 임수(壬水)나 신금(辛金)의 운동(運動)이면서 임수(壬水)나 신금(辛金)을 입묘(入墓)시키게 된다.

이제부터 신자진(辛子辰) 삼합(三合)은 임수(壬水) 운동(運動)이면서 신금(辛金) 운동(運動)이라는 것을 명심하자.

4-4.
해묘미(亥卯未) 삼합(三合)

이제 해묘미(亥卯未) 삼합(三合)을 보자. 아래의 그림을 보면 해(亥)는 갑목(甲木)의 생지(生地)이고, 묘(卯)는 갑목(甲木)의 왕지(旺地)이며, 미(未)는 갑목(甲木)의 묘지(墓地)이다. 따라서 해묘미(亥卯未) 삼합(三合)은 갑목(甲木) 운동(運動)을 하는 것으로 볼 수 있다.

묘(卯)
해(亥)   미(未)

그러나 아래의 그림에서 보듯이 묘(卯)는 계수(癸水)의 생지(生地)이고, 해(亥)는 계수(癸水)의 왕지(旺地)이며, 미(未)는 계수(癸水)의 묘지(墓地)이다. 따라서 묘해미(卯亥未) 삼합(三合)은 계수(癸水) 운동(運動)을 하는 것으로 보아야 한다.

해(亥)
묘(卯)   미(未)

해묘미(亥卯未) 삼합(三合)은 갑목(甲木)이나 계수(癸水)의 운동(運動)이면서 갑목(甲木)이나 계수(癸水)을 입묘(入墓)시키게 된다.

이제부터 해묘미(亥卯未) 삼합(三合)은 갑목(甲木) 운동(運動)이면서 계수(癸水) 운동(運動)이라는 것을 명심하자.

4-5.
사유축(巳酉丑) 삼합(三合)

마지막으로 사유축(巳酉丑) 삼합(三合)을 보자. 아래의 그림을 보면 사(巳)는 경금(庚金)의 생지(生地)이고, 유(酉)는 경금(庚金)의 왕지(旺地)이며, 축(丑)은 경금(庚金)의 묘지(墓地)이다. 따라서 사유축(巳酉丑) 삼합(三合)은 경금(庚金) 운동(運動)을 하는 것으로 볼 수 있다.

유(酉)

사(巳)   축(丑)

그러나 아래의 그림에서 보듯이 유(酉)는 정화(丁火)의 생지(生地)이고, 사(巳)는 정화(丁火)의 왕지(旺地)이며, 축(丑)은 정화(丁火)의 묘지(墓地)이다. 따라서 유사축(酉巳丑) 삼합(三合)은 정화(丁火) 운동(運動)을 하는 것으로 보아야 한다.

사(巳)

유(酉)   축(丑)

사유축(巳酉丑) 삼합(三合)은 경금(庚金)이나 정화(丁火)의 운동(運動)이면서 경금(庚金)이나 정화(丁火)를 입묘(入墓)시키게 된다.

이제부터 사유축(巳酉丑) 삼합(三合)은 경금(庚金) 운동(運動)이면서 정화(丁火) 운동(運動)이라는 것을 명심하자.

4-6.
삼합(三合)의 심층이해

위에서 살펴본 것처럼 인오술(寅午戌) 삼합은 을목(乙木)과 병화(丙火) 운동을,

신자진(申子辰) 삼합은 신금(辛金)과 임수(壬水) 운동을,

해묘미(亥卯未) 삼합은 계수(癸水)와 갑목(甲木) 운동을,

그리고 사유축(巳酉丑) 삼합은 정화(丁火)와 경금(庚金) 운동을 한다.

이는 지지에 인(寅)이 있으면 인과 음양이 다른 천간인 을목(乙木)의 운동이 존재하고, 오(午)가 있으면 오와 음양이 다른 천간인 병화(丙火)의 운동이 강하게 존재한다는 뜻이다.

예를 들어, 정화일간(丁火日干)이 지지에 인(寅)을 두고 있다면, 다른 천간이나 지지에 을목(乙木)이나 묘목(卯木)이 없더라도 정화일간은 을목의 운동을 한다는 의미가 된다.

즉, 정화에게 지지의 인목(寅木)은 비록 정인(正印)이라 하더라도, 다른 천간 지지에서 편인(偏印)인 을목(乙木)이나 묘목(卯木)을 가지고 있지 않아도 강한 편인 운동을 한다고 볼 수 있다.

또한 갑목일간(甲木日干)이 지지에 자수(子水)를 가지고 있으면 비록 정인(正印)이지만 강력한 편인 운동도 함께 가지고 있으며, 사화(巳火)를 가지고 있으면 비록 식신(食神)이지만 강력한 상관(傷官) 운동이 있으며, 지지에 신금(申金)을 가지고 있으면 비록 편관(偏官)이지만 강력한 정관(正官) 운동을 한다고 볼 수 있다.

이러한 삼합의 양간(陽干)과 음간(陰干)의 운동성을 사주에 적용하면, 가끔 이해하기 어려웠던 십성(十神)에 대한 해석이 더욱 명확해진다.

여기서 오해하지 말아야 할 점은, 지지에 상관(傷官)인 인(寅)이 있다고 해서 상관적인 능력을 부인하는 것이 아니라, 인(寅)의 운동성인 식신(食神) 운동도 강하게 한다고 이해해야 한다는 것이다.

정리하자면, 지지에 인(寅), 신(申), 사(巳), 해(亥), 자(子), 오(午), 묘(卯), 유(酉) 등의 지지를 가지고 있을 경우, 그 자체 십성뿐만 아니라 그 십성의 운동성까지 함께 고려하여 판단하는 것이 보다 정확한 사주 해석이 된다.

천간에서 나타나는 십성은 상대적으로 단순하고 변화가 적지만, 지지의 십성은 12운성(十二運星)과 삼합(三合)의 운동성이 반영되므로 더욱 정밀한 해석이 필요하다.

4-7.
생왕묘(生旺墓)와 병태대(病胎帶)

생왕묘(生旺墓)와 병태대(病胎帶)는 서로 충(沖)하는 관계이다. 장생(長生)은 병(丙)과 충하고, 제왕(帝旺)과 태(胎)도 충하며, 묘(墓)와 관대(冠帶)도 충한다. 그리고 생왕묘의 운동성도 병태대의 운동성과 충하는 관계이다. 충하는 관계는 항상 같은 의미를 가지면서 현실과 이상, 육체와 정신의 의미만 다를 뿐이다. 그렇다면 생왕묘와 병태대는 태어나고, 왕성하고, 폼을 잡는 것은 같은 것이라는 뜻이다. 그것이 육체이든 정신이든 의미하는 바는 같다.

따라서 12운성도 생왕묘(生旺墓), 병태대(病胎帶), 록사양(祿桑養), 절욕쇠(絶浴死)가 있어서 아주 복잡해 보이지만, 사실은 생왕묘와 록사양만 알면 생왕묘와 병태대는 같은 것이고, 록사양과 절욕쇠는 같은 것이니 12운성도 6운성만 잘 이해하면 나머지는 정신과 육체로 잘 대입해서 쉽게 풀 수 있다.

위에서 우리가 알아본 대로
  • 갑목(甲木)과 계수(癸水)의 생왕묘는 해묘미(亥卯未), 병태대는 사유

축(巳酉丑),
- 병화(丙火)와 을목(乙木)의 생왕묘는 인오술(寅午戌), 병태대는 신자진(申子辰),
- 경금(庚金)과 정화(丁火)의 생왕묘는 사유축(巳酉丑), 병태대는 해묘미(亥卯未),
- 임수(壬水)와 신금(辛金)의 생왕묘는 신자진(申子辰), 병태대는 인오술(寅午戌)이다.

4-8.
록사양(祿死養)과 절욕쇠(絶浴衰)

록사양(錄桑養)과 절욕쇠(絶浴死)는 서로 충(沖)하는 관계이다. 건록(建祿)은 절(絶)과 충하고, 사(死)와 목욕(墓浴)도 충하며, 양(養)과 쇠(衰)도 충한다. 그리고 록사양의 운동성도 절욕쇠의 운동성과 충을 한다. 충하는 관계는 항상 같은 의미를 가지면서 현실과 이상, 육체와 정신의 의미만 다를 뿐이다. 그렇다면 록사양과 절욕쇠는 만나고, 즐겁고, 배우고 키우는 것은 같은 것이라는 뜻이다. 그것이 육체이든 정신이든 의미하는 바는 같다.

위에서 우리가 알아본 대로
- 갑목(甲木)과 계수(癸水)의 록사양은 인오술(寅午戌), 절욕쇠는 신자진(申子辰)
- 병화(丙火)와 을목(乙木)의 록사양은 사유축(巳酉丑), 절욕쇠는 해묘미(亥卯未)
- 경금(庚金)과 정화(丁火)의 록사양은 신자진(申子辰), 절욕쇠는 인오술(寅午戌)
- 임수(壬水)와 신금(辛金)의 록사양은 해묘미(亥卯未), 절욕쇠는 사유

축(巳酉丑)이다.

따라서 위치에 관계없이 지지에 충(沖)을 가지고 있는 사람은 그 충을 하는 12운성의 성향이 정신과 육체적으로 상당히 강한 성향을 가지고 있다고 보아야 한다. 예를 들어 갑자일주(甲子日柱)가 지지에 충을 하는 오(午)를 가지고 있다면 목욕(沐浴)과 사(死)를 가지고 있으므로 현실과 이상적으로 또는 정신과 육체적으로 즐거움을 추구하는 성향이 상당히 강하지만 나름의 번거로움이 있다고 볼 수 있다.

을묘일주(乙卯日柱)가 지지에 충을 하는 유금(酉金)을 가지고 있으면 건록(建祿)과 절(絶)을 만나게 되는데, 이는 현실적이든 이상적이든, 정신적이든 육체적이든 만남이 주가 되는 삶이면서 만남에 따른 헤어짐을 피할 수 없게 된다는 의미이다.

5.

12운성(運星)의 새로운 탐구(3)

모든 일간(日干)은 지지(地支)에서 십성(十星)을 만나게 된다. 일간과의 십성에 따른 12운성(十二運星)을 분석해 보는 것도 사주 해석(四柱解析)이나 일간의 성향(性向)을 파악하는 데 하나의 좋은 방편이 될 수 있다. 그 이유는 모든 일간이 지지에서 십성(十星)을 만나지만, 갑목(甲木)이 상관(傷官)을 만날 때에는 사(巳)가 되지만 병화(丙火)가 상관을 만날 때에는 쇠(衰)가 된다.

5-1.
일간(日干)이 지지(地支)에서 비견(比肩)을 만날 때

일간이 지지에서 비견을 보는 경우, 무기토(戊己土)는 관대(冠帶)와 묘(墓)가 되나 나머지 일간은 모두 건록(建祿)이 된다.

- 갑목(甲木)이 지지에서 비견 인목(寅木)을 만나면 건록(建祿)이 된다.
- 을목(乙木)이 지지에서 비견 묘목(卯木)을 만나면 건록이 된다.
- 병화(丙火)가 지지에서 비견 사화(巳火)를 만나면 건록이 된다.
- 정화(丁火)가 지지에서 비견 오화(午火)를 만나면 건록이 된다.
- 무토(戊土)가 지지에서 비견 진토(辰土), 술토(戌土)를 만나면 관대(冠帶)와 묘(墓)가 된다.
- 기토(己土)가 지지에서 비견 축토(丑土), 미토(未土)를 만나면 묘(墓)와 관대(冠帶)가 된다.
- 경금(庚金)이 지지에서 비견 신금(申金)을 만나면 건록이 된다.
- 신금(辛金)이 지지에서 비견 유금(酉金)을 만나면 건록이 된다.
- 임수(壬水)가 지지에서 비견 해수(亥水)를 만나면 건록이 된다.
- 계수(癸水)가 지지에서 비견 자수(子水)를 만나면 건록이 된다.

무기토(戊己土)는 지지에서 비견을 만나면 관복(官服)을 입거나 폼이 나는 시기가 되지만, 나머지 일간들은 만남이 주가 되는 삶을 살게 된다.

일지(日支)에 비견을 두는 60갑자(六十甲子)는 갑인(甲寅), 을묘(乙卯), 무진(戊辰), 무술(戊戌), 기축(己丑), 기미(己未), 경신(庚申), 신유(辛酉) 일주(日柱)가 있다.

5-2.
일간(日干)이 지지(地支)에서 겁재(劫財)를 만날 때

일간(日干)이 지지(地支)에서 겁재(劫財)를 보는 경우는 무기토(戊己土)는 양(養)과 쇠(衰)가 되나 나머지 일간은 모두 제왕(帝旺)이 된다.

- 갑목(甲木)이 지지에서 겁재 묘목(卯木)을 만나면 제왕(帝旺)이 된다.
- 을목(乙木)이 지지에서 겁재 갑목(甲木)을 만나면 제왕이 된다.
- 병화(丙火)가 지지에서 겁재 오화(午火)를 만나면 제왕이 된다.
- 정화(丁火)가 지지에서 겁재 사화(巳火)를 만나면 제왕이 된다.
- 무토(戊土)가 지지에서 겁재 축토(丑土), 미토(未土)를 만나면 양(養)과 쇠(衰)가 된다.
- 기토(己土)가 지지에서 겁재 진토(辰土), 술토(戌土)를 만나면 쇠(衰)와 양(養)이 된다.
- 경금(庚金)이 지지에서 겁재 유금(酉金)을 만나면 제왕이 된다.
- 신금(辛金)이 지지에서 겁재 경금(庚金)을 만나면 제왕이 된다.
- 임수(壬水)가 지지에서 겁재 자수(子水)를 만나면 제왕이 된다.
- 계수(癸水)가 지지에서 겁재 해수(亥水)를 만나면 제왕이 된다.

무기토(戊己土)는 지지에서 겁재를 만나면 배우고 가르침(敎育) 이 주가 되나, 나머지 일간들은 모두 왕성한(旺盛) 삶을 살게 된다.

일지(日支)에 겁재(劫財)를 두는 60갑자(六十甲子)는 병오(丙午), 정사(丁巳), 임자(壬子), 계해(癸亥) 일주(日柱)가 있다.

5-3.
일간(日干)이 지지(地支)에서 식신(食神)을 만날 때

일간(日干)이 지지(地支)에서 식신(食神)을 보는 경우는 병화(丙火), 정화(丁火)는 관대(冠帶)와 묘(墓)가 되나, 나머지 일간은 모두 장생(長生)이나 병(病)이 된다.

- 갑목(甲木)이 지지에서 식신(食神)인 사화(巳火)를 만나면 병(病)이 된다.
- 을목(乙木)이 지지에서 식신인 오화(午火)를 만나면 장생(長生)이 된다.
- 병화(丙火)가 지지에서 식신인 진토(辰土), 술토(戌土)를 만나면 관대(冠帶)와 묘(墓)가 된다.
- 정화(丁火)가 지지에서 식신인 축토(丑土), 미토(未土)를 만나면 묘(墓)와 관대(冠帶)가 된다.
- 무토(戊土)가 지지에서 식신인 신금(申金)을 만나면 병이 된다.
- 기토(己土)가 지지에서 식신인 유금(酉金)을 만나면 장생이 된다.
- 경금(庚金)이 지지에서 식신인 해수(亥水)를 만나면 병이 된다.
- 신금(辛金)이 지지에서 식신인 자수(子水)를 만나면 장생이 된다.

- 임수(壬水)가 지지에서 식신인 인목(寅木)을 만나면 병이 된다.
- 계수(癸水)가 지지에서 식신인 묘목(卯木)을 만나면 장생이 된다.

병화(丙火), 정화(丁火)는 지지에서 식신(食神)을 만나면 관복(官服)을 입거나 폼 나는(風姿) 삶을 살게 되며, 나머지 일간들은 새로움을 창조(創造)하는 삶을 살게 된다.

일지(日支)에 식신(食神)을 두는 60갑자(六十甲子)는
 병진(丙辰), 병술(丙戌), 정축(丁丑), 정미(丁未), 무신(戊申), 기유(己酉), 임인(壬寅), 계묘(癸卯) 일주(日柱)가 있다.

5-4.
일간(日干)이 지지(地支)에서 상관(傷官)을 만날 때

일간(日干)이 지지(地支)에서 상관(傷官)을 보는 경우는 병화(丙火), 정화(丁火)는 양(養)과 쇠(衰)가 되나, 나머지 일간은 모두 목욕(沐浴)이나 사(死)가 된다.

- 갑목(甲木)이 지지에서 상관(傷官)인 오화(午火)를 만나면 사(死)가 된다.
- 을목(乙木)이 지지에서 상관인 사화(巳火)를 만나면 목욕(沐浴)이 된다.
- 병화(丙火)가 지지에서 상관인 축토(丑土), 미토(未土)를 만나면 양(養)과 쇠(衰)가 된다.
- 정화(丁火)가 지지에서 상관인 진토(辰土), 술토(戌土)를 만나면 쇠(衰)와 양(養)이 된다.
- 무토(戊土)가 지지에서 상관인 유금(酉金)을 만나면 사(死)가 된다.
- 기토(己土)가 지지에서 상관인 신금(辛金)을 만나면 목욕(沐浴)이 된다.
- 경금(庚金)이 지지에서 상관인 자수(子水)를 만나면 사(死)가 된다.

- 신금(辛金)이 지지에서 상관인 해수(亥水)를 만나면 목욕(沐浴)이 된다.
- 임수(壬水)가 지지에서 상관인 묘목(卯木)을 만나면 사(死)가 된다.
- 계수(癸水)가 지지에서 상관인 인목(寅木)을 만나면 목욕(沐浴)이 된다.

병화(丙火), 정화(丁火)는 지지에서 상관(傷官)을 만나면 배움(學)과 가르침(敎育)이 주가 되는 삶이며,
나머지 일간은 즐거움(樂)과 표현(表現)이 주가 되는 삶을 살게 된다.

일지(日支)에 상관을 두는 60갑자(六十甲子)는
갑오(甲午), 을사(乙巳), 경자(庚子), 신해(辛亥) 일주(日柱)가 있다.

5-5.
일간(日干)이 지지(地支)에서 편재(偏財)를 만날 때

일간(日干)이 지지(地支)에서 편재(偏財)를 보는 경우는 갑목(甲木), 을목(乙木)은 쇠(衰)와 양(養)이 되고, 병화(丙火), 정화(丁火)는 장생(長生), 병(病)이 되나 나머지 일간은 모두 절(絶)이 된다.

- 갑목(甲木)이 지지에서 편재(偏財)인 진토(辰土), 술토(戌土)를 만나면 쇠(衰)와 양(養)이 된다.
- 을목(乙木)이 지지에서 편재(偏財)인 축토(丑土), 미토(未土)를 만나면 쇠(衰)와 양(養)이 된다.
- 병화(丙火)가 지지에서 편재(偏財)인 신금(辛金)을 만나면 병(病)이 된다.
- 정화(丁火)가 지지에서 편재(偏財)인 유금(酉金)을 만나면 장생(長生)이 된다.
- 무토(戊土)가 지지에서 편재(偏財)인 해수(亥水)를 만나면 절(絶)이 된다.
- 기토(己土)가 지지에서 편재(偏財)인 자수(子水)를 만나면 절(絶)이 된다.

- 경금(庚金)이 지지에서 편재(偏財)인 인목(寅木)을 만나면 절(絶)이 된다.
- 신금(辛金)이 지지에서 편재(偏財)인 묘목(卯木)을 만나면 절(絶)이 된다.
- 임수(壬水)가 지지에서 편재(偏財)인 사화(巳火)를 만나면 절(絶)이 된다.
- 계수(癸水)가 지지에서 편재(偏財)인 오화(午火)를 만나면 절(絶)이 된다.

- 갑목(甲木), 을목(乙木)이 지지에서 편재(偏財)를 만나면 배움(學)과 가르침(敎)이 주가 되는 삶이며,
- 병화(丙火), 정화(丁火)가 편재(偏財)를 만나면 무언가를 창조(創造)하거나 만들어 내는 삶,
- 나머지 일간은 헤어짐(離別)과 정신적(精神的) 만남이 주가 되는 삶을 살게 된다.

일지(日支)에 편재(偏財)를 두는 60갑자(六十甲子)는
갑진(甲辰), 갑술(甲戌), 을축(乙丑), 을미(乙未), 병신(丙申), 정유(丁酉), 경인(庚寅), 신묘(辛卯) 일주(日柱)가 있다.

5-6.
일간(日干)이 지지(地支)에서 정재(正財)를 만날 때

　일간(日干)이 지지(地支)에서 정재(正財)를 보는 경우는 갑목(甲木), 을목(乙木)은 관대(冠帶)와 묘(墓)가 되고, 병화(丙火), 정화(丁火)는 목욕(沐浴)과 사(死)가 되나 나머지 일간은 모두 태(胎)가 된다.

- 갑목(甲木)이 지지에서 정재(正財)인 축토(丑土), 미토(未土)를 만나면 관대(冠帶)와 묘(墓)가 된다.
- 을목(乙木)이 지지에서 정재(正財)인 진토(辰土), 술토(戌土)를 만나면 관대(冠帶)와 묘(墓)가 된다.
- 병화(丙火)가 지지에서 정재(正財)인 유금(酉金)을 만나면 사(死)가 된다.
- 정화(丁火)가 지지에서 정재(正財)인 신금(辛金)을 만나면 목욕(沐浴)이 된다.
- 무토(戊土)가 지지에서 정재(正財)인 자수(子水)를 만나면 태(胎)가 된다.
- 기토(己土)가 지지에서 정재(正財)인 해수(亥水)를 만나면 태(胎)가 된다.

- 경금(庚金)이 지지에서 정재(正財)인 묘목(卯木)을 만나면 태(胎)가 된다.
- 신금(辛金)이 지지에서 정재(正財)인 인목(寅木)을 만나면 태(胎)가 된다.
- 임수(壬水)가 지지에서 정재(正財)인 오화(午火)를 만나면 태(胎)가 된다.
- 계수(癸水)가 지지에서 정재(正財)인 사화(巳火)를 만나면 태(胎)가 된다.

- 갑목(甲木), 을목(乙木)이 지지에서 정재(正財)를 만나면 폼이 나는 삶을 살 것이며,
- 병화(丙火), 정화(丁火)가 지지에서 정재(正財)를 만나면 즐거운 삶이 되고,
- 나머지 일간이 지지에서 정재(正財)를 만나면 왕성하게 활동하는 삶이 된다.

일지(日支)에 정재(正財)를 두는 60갑자(六十甲子)는
무자(戊子), 기해(己亥), 임오(壬午), 계사(癸巳) 일주(日柱)가 있다.

5-7.
일간(日干)이 지지(地支)에서 편관(偏官)을 만날 때

일간(日干)이 지지(地支)에서 편관(偏官)을 보는 경우는 임수(壬水), 계수(癸水)는 관대(冠帶)와 묘(墓)를 만나고,

- 갑목(甲木), 을목(乙木), 병화(丙火), 정화(丁火)는 절(絶)이 되나,
- 무토(戊土), 기토(己土), 경금(庚金), 신금(辛金)은 장생(長生)과 병(病)이 된다.
- 갑목(甲木)이 지지에서 편관(偏官)인 신금(辛金)을 만나면 절(絶)이 된다.
- 을목(乙木)이 지지에서 편관(偏官)인 유금(酉金)을 만나면 절(絶)이 된다.
- 병화(丙火)가 지지에서 편관(偏官)인 해수(亥水)를 만나면 절(絶)이 된다.
- 정화(丁火)가 지지에서 편관(偏官)인 자수(子水)를 만나면 절(絶)이 된다.
- 무토(戊土)가 지지에서 편관(偏官)인 인목(寅木)을 만나면 장생(長生)이 된다.

- 기토(己土)가 지지에서 편관(偏官)인 묘목(卯木)을 만나면 병(病)이 된다.
- 경금(庚金)이 지지에서 편관(偏官)인 사화(巳火)를 만나면 장생(長生)이 된다.
- 신금(辛金)이 지지에서 편관(偏官)인 오화(午火)를 만나면 병(病)이 된다.
- 임수(壬水)가 지지에서 편관(偏官)인 진토(辰土), 술토(戌土)를 만나면 묘(墓)와 관대(冠帶)가 된다.
- 계수(癸水)가 지지에서 편관(偏官)인 축토(丑土), 미토(未土)를 만나면 관대(冠帶)와 묘(墓)가 된다.

- 임수(壬水), 계수(癸水)가 지지에서 편관(偏官)을 만나면 나름 폼이 나는 삶이지만,
- 무토(戊土), 기토(己土), 경금(庚金), 신금(辛金)이 편관(偏官)을 만나면 무언가를 만들어 내는 삶이며,
- 갑목(甲木), 을목(乙木), 병화(丙火), 정화(丁火)가 지지에서 편관(偏官)을 만나면 정신적인 만남이 주가 되는 삶을 살게 된다.

일지(日支)에 편관(偏官)을 두는 60갑자(六十甲子)는
갑신(甲申), 을유(乙酉), 무인(戊寅), 기묘(己卯), 임진(壬辰), 임술(壬戌), 계축(癸丑), 계미(癸未) 일주(日柱)가 있다.

5-8.
일간(日干)이 지지(地支)에서 정관(正官)을 만날 때

일간(日干)이 지지(地支)에서 정관(正官)을 보는 경우는 임수(壬水), 계수(癸水)는 양(養)과 쇠(衰)가 되고,

- 갑목(甲木), 을목(乙木), 병화(丙火), 정화(丁火)는 태(胎)가 되나,
- 무토(戊土), 기토(己土), 경금(庚金), 신금(辛金)은 목욕(沐浴)과 사(死)가 된다.
- 갑목(甲木)이 지지에서 정관(正官)인 유금(酉金)을 만나면 태(胎)가 된다.
- 을목(乙木)이 지지에서 정관(正官)인 신금(辛金)을 만나면 태(胎)가 된다.
- 병화(丙火)가 지지에서 정관(正官)인 자수(子水)를 만나면 태(胎)가 된다.
- 정화(丁火)가 지지에서 정관(正官)인 해수(亥水)를 만나면 태(胎)가 된다.
- 무토(戊土)가 지지에서 정관(正官)인 묘목(卯木)을 만나면 목욕(沐浴)이 된다.

- 기토(己土)가 지지에서 정관(正官)인 인목(寅木)을 만나면 사(死)가 된다.
- 경금(庚金)이 지지에서 정관(正官)인 오화(午火)를 만나면 목욕(沐浴)이 된다.
- 신금(辛金)이 지지에서 정관(正官)인 사화(巳火)를 만나면 사(死)가 된다.
- 임수(壬水)가 지지에서 정관(正官)인 축토(丑土), 미토(未土)를 만나면 쇠(衰)와 양(養)이 된다.
- 계수(癸水)가 지지에서 정관(正官)인 진토(辰土), 술토(戌土)를 만나면 양(養)과 쇠(衰)가 된다.

- 임수(壬水), 계수(癸水)가 지지에서 정관(正官)을 만나면 배움과 가르침이 중심이 되는 삶이며,
- 무토(戊土), 기토(己土), 경금(庚金), 신금(辛金)이 정관(正官)을 만나면 즐거움을 추구하는 삶,
- 갑목(甲木), 을목(乙木), 병화(丙火), 정화(丁火)가 정관(正官)을 만나면 정신적 활동이 왕성한 삶을 살게 된다.

일지(日支)에 정관(正官)을 두는 60갑자(六十甲子)는
병자(丙子), 정해(丁亥), 경오(庚午), 신사(辛巳) 일주(日柱)가 있다.

5-9.
일간(日干)이 지지(地支)에서 편인(偏印)을 만날 때

일간(日干)이 지지(地支)에서 편인(偏印)을 보는 경우는 경금(庚金)은 양(養)과 쇠(衰)가 되고, 무기토(戊己土)는 건록(健祿)이 되며,

- 갑을목(甲乙木), 병정화(丙丁火), 임계수(壬癸水)는 모두 장생(長生)과 병(病)이 된다.
- 갑목(甲木)이 지지에서 편인(偏印)인 해수(亥水)를 만나면 장생(長生)이 된다.
- 을목(乙木)이 지지에서 편인(偏印)인 계자수(癸子水)를 만나면 병(病)이 된다.
- 병화(丙火)가 지지에서 편인(偏印)인 인목(寅木)을 만나면 장생(長生)이 된다.
- 정화(丁火)가 지지에서 편인(偏印)인 묘목(卯木)을 만나면 병(病)이 된다.
- 무토(戊土)가 지지에서 편인(偏印)인 사화(巳火)를 만나면 건록(健祿)이 된다.
- 기토(己土)가 지지에서 편인(偏印)인 오화(午火)를 만나면 건록(健

祿)이 된다.
- 경금(庚金)이 지지에서 편인(偏印)인 진술토(辰戌土)를 만나면 양(養)과 쇠(衰)가 된다.
- 신금(辛金)이 지지에서 편인(偏印)인 축미토(丑未土)를 만나면 양(養)과 쇠(衰)가 된다.
- 임수(壬水)가 지지에서 편인(偏印)인 신금(辛金)을 만나면 장생(長生)이 된다.
- 계수(癸水)가 지지에서 편인(偏印)인 유금(酉金)을 만나면 병(病)이 된다.

- 경금(庚金) 일간이 지지에서 편인(偏印)을 만나면 배움과 가르침의 삶이고,
- 무기토(戊己土)가 지지에서 편인(偏印)을 만나면 만남이 주가 되는 삶이며,
- 나머지 일간(日干)이 지지에서 편인(偏印)을 만나면 무언가를 만들어 내는 삶을 살게 된다.

일지(日支)에 편인(偏印)을 두는 60갑자(六十甲子)는
병인(丙寅), 정묘(丁卯), 경진(庚辰), 경술(庚戌), 신축(辛丑), 신미(辛未), 임신(壬申), 계유(癸酉) 일주(日柱)가 있다.

5-10.
일간(日干)이 지지(地支)에서 정인(正印)을 만날 때

일간(日干)이 지지(地支)에서 정인(正印)을 보는 경우는 경신금(庚辛金)은 관대(冠帶)와 묘(墓)를 만나고, 무기토(戊己土)는 제왕(帝旺)을 만나며, 나머지 일간(日干)은 모두 목욕(木浴)과 사(死)가 된다.

- 갑목(甲木)이 지지에서 정인(正印)인 자수(子水)를 만나면 목욕(木浴)이 된다.
- 을목(乙木)이 지지에서 정인(正印)인 해수(亥水)를 만나면 사(死)가 된다.
- 병화(丙火)가 지지에서 정인(正印)인 묘목(卯木)을 만나면 목욕(木浴)이 된다.
- 정화(丁火)가 지지에서 정인(正印)인 인목(寅木)을 만나면 사(死)가 된다.
- 무토(戊土)가 지지에서 정인(正印)인 오화(午火)를 만나면 제왕(帝旺)이 된다.
- 기토(己土)가 지지에서 정인(正印)인 사화(巳火)를 만나면 제왕(帝旺)이 된다.

- 경금(庚金)이 지지에서 정인(正印)인 축미토(丑未土)를 만나면 묘(墓)와 관대(冠帶)가 된다.
- 신금(辛金)이 지지에서 정인(正印)인 진술토(辰戌土)를 만나면 관대(冠帶)와 묘(墓)가 된다.
- 임수(壬水)가 지지에서 정인(正印)인 유금(酉金)을 만나면 목욕(木浴)이 된다.
- 계수(癸水)가 지지에서 정인(正印)인 신금(辛金)을 만나면 사(死)가 된다.

- 경신금(庚辛金) 일주(日柱)가 지지에서 정인(正印)을 만나면 폼 나는 삶을 살게 되며,
- 무기토(戊己土)가 지지에서 정인(正印)을 만나면 왕성한 활동을 하는 삶이고,
- 나머지 일간(日干)이 정인(正印)을 만나면 즐거운 삶이 된다.

일지(日支)에 정인(正印)을 두는 60갑자(六十甲子)는
갑자(甲子), 을해(乙亥), 무오(戊午), 기사(己巳) 일주(日柱)가 있다.

6.

12운성(運星)과 사주(四柱)의 해석

6-1.
사주 원국(四柱 原局)에서의 12운성(運星) 적용법

1) 천간(天干) 밑의 지지(地支)들 간의 12운성(十二運星)

대부분의 만세력(萬歲曆)에서는 12운성(十二運星)을 보여 주고 있으나 아래에서 보는 것처럼 4개의 지지(地支)를 일간(日干)과의 관계에 의한 12운성(十二運星)으로 나타내고 있다.

乙	甲	丙	辛
丑	子	申	巳
관대	목욕	절	병

사주(四柱)에서의 년(年), 월(月)은 사회궁(社會宮)이며 일(日), 시(時)는 자아궁(自我宮) 즉 내면적인 상황을 나타내기 때문에 이 사주(四柱)는 년월(年月)에 음적(陰的) 12운성(十二運星)인 병(病), 절(絶)이 있고 일시(日時)에 양적(陽的) 12운성(十二運星)인 목욕(沐浴)과 관대(冠帶)가 있다.

이것의 해석은 이 사람은 사회생활에서는 정신적(精神的) 또는 이상적(理想的)인 스탠스(stance)를 취하게 되나 내면적으로는 양적(陽的) 12운성(十二運星)을 가지고 있으므로 현실적(現實的)인 스탠스(stance)를 취한다고 볼 수 있다.

가장 먼저 갑일간(甲日干)이 밑에 목욕(沐浴)을 깔고 있으니 양(陽)의 12운성(十二運星)이므로 현실적인 성향(現實的 性向)이 기본이라고 볼 수 있다. 그러나 사회에서는 이상주의적 성향(理想主義的 性向)이나 판단(判斷)을 하게 되는 사람이다.

4개의 지지(地支) 모두가 양적 12운성(陽的 十二運星) 즉 양(陽) 장생(長生), 목욕(沐浴), 관대(冠帶), 건록(建祿), 제왕(帝旺)으로 되어 있으면 극히 현실주의적(現實主義的) 성향의 사람으로서 사회적으로나 자기의 내면적으로나 항상 현실주의적인 스탠스(現實主義的 stance)를 취하게 된다.

그러나 4개의 지지(地支) 모두가 음적 12운성(陰的 十二運星)인 쇠(衰), 병(病), 사(死), 묘(墓), 절(絶), 태(胎)로 구성되어 있으면 사회적으로나 내면적으로 항상 이상주의적인 스탠스(理想主義的 stance)를 취하는 사람이 된다.

사회궁(社會宮)인 년월(年月)의 12운성(十二運星) 구성을 보고 둘 다 양적(陽的)이면 사회적으로 현실적인 스탠스(現實的 stance), 둘 다 음적

(陰的)이면 사회적으로 이상주의적인 스탠스(理想主義的 stance)를 취하는 사람이며, 음양(陰陽)이 다르게 되어 있으면 그런대로 균형(均衡)을 가지고 때로는 양적인 스탠스(陽的 stance)를 취할 수도 있고 때로는 음적인 스탠스(陰的 stance)를 취하게 되는 것이다. 자아궁(自我宮)인 일시(日時)의 12운성(十二運星)도 마찬가지로 해석을 하면 된다.

이러한 해석은 사주(四柱)를 보면서 일간(日干)이 만나는 4개의 지지(地支)와의 관계를 파악하여 전체적인 이 사람의 사회적인 판단과 내면적인 판단의 기준을 알 수 있게 된다.

2) 천간(天干)에 비견(比肩)이 있을 때

갑(甲) 갑(甲)
자(子) 오(午)

천간(天干)에 있는 비견(比肩)은 지지(地支)에 무엇을 두든지, 그 지지와의 관계는 일간(日干)인 나와의 관계와도 같다.

갑목(甲木) 일간이 천간에 비견 갑목을 보았는데 밑에 오(午)가 있다면, 일간인 내가 보아도 사(死)이며, 비견인 갑목이 보아도 사(死)에 앉아 있는 것이다.

이것의 정확한 의미는 내가 만나는 비견은 정신적(精神的) 즐거움을 추구하는 사지(死地)에 앉아 있는 사람인데, 일간인 나와의 관계도 같은 사지(死地)라는 말이다.

즉, 비견(比肩)은 자기가 가지고 있는 속성 그대로 나와의 관계도 형성되는 것이다.

갑(甲)　을(乙)
자(子)　해(亥)

그러나 겁재(劫財)의 경우는, 겁재가 앉아 있는 12운성(十二運星)과 내가 보는 12운성(十二運星)은 다르게 된다.
이 경우는 을(乙) 겁재는 사(死)에 앉아 있으나, 내가 볼 때에는 장생(長生)의 관계인 것이다.

내가 만나는 겁재는 을해(乙亥), 즉 사(死)에 앉아 있어 정신적인 즐거움(精神的 樂)을 추구하는 사람이지만, 일간인 나와의 관계는 갑(甲)이 해(亥)를 보니 장생(長生)의 관계가 된다.
즉, 겁재는 자기의 속성은 정신적 즐거움을 추구하지만, 나와의 관계는 장생, 즉 뭔가 새로운 것을 만들거나 추구하는 그런 관계라는 것이다.

그리고 겁재(劫財)와 나와의 관계는 나의 일지(日支)가 무엇인가에 따라서, 천간(天干)의 겁재와 나의 일지(日支)가 또 다른 하나의 12운성(十二運星)을 형성하게 되어, 둘 다를 해석해야만 한다.
실제로 사주(四柱)적인 해석은 꽤나 복잡하지만, 지금은 천간(天干)에 비견(比肩)을 만났을 경우에 그 비견의 밑에 있는 지지(地支)의 12운성(十二運星)을 해석하는 방법을 보고자 한다.

(1) 비견(比肩) 아래에 양(養)이 있을 경우

○ 갑(甲)   ○ 갑(甲)
○ 자(子)   ○ 술(戌)

천간(天干)에 있는 비견(比肩)이 지지(地支)에 양(養)을 본다는 말은, 갑목(甲木) 일간(日干)이 천간(天干)에서 비견(比肩)인 또 다른 갑목(甲木)을 보았는데, 그 밑에 술(戌)을 깔고 있는 갑술(甲戌)을 본 경우를 의미한다.

이때 내가 만나는 비견은 양(養)에 앉아 있으므로, 양(養)의 키워드인 배움(學習)과 가르침(敎育), 조직의 성장(成長)과 발전(發展)에 관련이 있거나, 그런 소질(素質)이 있는 사람을 만난다는 뜻이 된다.

십성(十星)적으로는 갑(甲)이 술(戌)을 보면 편재(偏財) 위에 앉아 있으므로 재성(財星)적인 해석을 할 수 있으나, 12운성(十二運星)적으로는 이와는 상당히 다른 의미를 갖는다.

즉, 비견(比肩)이 지지(地支)에서 양(養)에 있을 경우에는 일간(日干)인 나 역시 그 비견과의 관계를 같은 양(養)으로 느끼게 된다.

(2) 비견(比肩) 아래에 장생(長生)이 있을 경우

○   병(丙)   ○   병(丙)
○   자(子)   ○   인(寅)

천간(天干)에 있는 비견(比肩)이 지지(地支)에서 자기를 보았을 때 장생(長生)이라는 말은, 병화(丙火) 일간(日干)이 천간에서 비견인 병화(丙火)를 보았는데 그 밑에 인(寅)을 깔고 있는 병인(丙寅)을 본 경우를 의미한다.

이때 내가 만나는 비견은 장생(長生)에 앉아 있으므로, 장생의 키워드인 무언가를 만들어 내는 창조적인 사람, 생명력과 활기가 있는 사람을 만난다는 뜻이 된다. 또는 비견이 장생에 앉아 있으므로 나와 유사한 사람들이 자주 생긴다거나 나와의 관계가 쉽게 형성된다고도 해석할 수 있다.

십성(十星)적으로 보면, 병(丙)이 인(寅)을 보면 편인(偏印) 위에 앉아 있는 것이므로 편인적인 해석이 가능하지만, 여기에 12운성(十二運星)적 해석을 더하면 더욱 풍부하고 정확한 해석이 가능해진다.

즉, 비견이 지지에서 장생에 있을 경우, 일간인 나 역시 그 관계를 같은 장생으로 인식하게 된다.

(3) 비견(比肩) 아래에 목욕(沐浴)이 있을 경우

- 갑(甲)   　○ 갑(甲)
- 인(寅)   　○ 자(子)

천간(天干)에 있는 비견(比肩)이 지지(地支)에 자기를 보았을 때 목욕(沐浴)이라는 말은, 갑목(甲木) 일간(日干)이 천간에서 비견인 갑목을 보았는데, 그 밑에 자(子)를 깔고 있는 갑자(甲子)를 본 경우를 의미한다.

내가 만나는 비견은 목욕(沐浴)에 앉아 있으므로, 목욕의 키워드인 즐거움, 해방감, 혹은 걱정 없이 자유로운 기질을 지닌 사람을 만난다는 뜻이 된다.

십성(十星)적으로는 갑(甲)이 자(子)를 보면 정인(正印) 위에 앉아 있으므로 인성(印星)적인 해석을 하게 되지만, 여기에 12운성(十二運星)의 의미를 더하면 더욱 입체적인 해석이 가능해진다. 비견이 지지에서 목욕에 있을 경우, 일간인 나 역시 동일하게 목욕의 기운으로 그 관계를 인식하게 된다.

(4) 비견(比肩) 아래에 관대(冠帶)가 있을 경우

- 병(丙)   　○ 병(丙)
- 자(子)   　○ 진(辰)

천간(天干)에 있는 비견(比肩)이 지지(地支)에 관대(冠帶)에 있는 경우란, 병화(丙火) 일간(日干)이 천간에서 병화(丙火)를 보았고 그 밑에 진(辰)을 깔고 있는 병진(丙辰)을 본 경우이다.

내가 만나는 비견은 관대(冠帶)에 앉아 있으므로, 관대의 키워드인 멋, 격식, 품위, 또는 제복을 입은 사람과 같은 사회적 지위가 드러나는 사람일 수 있다. 사회적으로 어느 정도 인정받는 포지션에 있는 사람이라고도 해석할 수 있다.

십성(十星)적으로는 병(丙)이 진(辰)을 보면 식신(食神) 위에 앉아 있으므로 식신적인 해석이 가능하지만, 여기에 12운성(十二運星)의 관대 해석을 더하면 그 사람의 품격, 존재감, 외적 인상까지 포괄한 해석이 가능하다. 비견이 아래에 관대에 있을 경우에는 일간인 나 역시 같은 관대의 기운으로 그 관계를 받아들이게 된다.

(5) 비견(比肩) 아래에 건록(建祿)이 있을 경우

| ○ 갑(甲) | ○ 갑(甲) |
| ○ 자(子) | ○ 인(寅) |

천간(天干)에 있는 비견(比肩)이 지지(地支)에서 건록(建祿)을 보았다는 말은, 갑목(甲木) 일간(日干)이 천간에서 비견인 갑목을 보았고, 그 밑에 인(寅)을 깔고 있는 갑인(甲寅)을 본 경우이다.

내가 만나는 비견은 건록(建祿)에 앉아 있으므로, 건록의 키워드인 '만남' 또는 '동료'가 중심이 되는 사람, 그리고 주체성(主體性)을 강하게 가진 사람을 의미한다. 이 사람은 자주 다양한 사람들과 만나며, 스스로의 정체성을 잘 지키는 경향이 있다.

여기서 '만남'이라는 키워드는 단순한 대인관계를 넘어 사회적 활동, 협업, 네트워크 확장 등의 의미도 내포한다. 특히 지지(地支)에 건록을 두면 "반드시 비견을 만나게 된다"고 해석하기도 한다. 이는 건록이 자기 힘을 펼치기 좋은 환경이기 때문이다.

예를 들어, 비견이 아니라 관성(官星)이 지지에 건록을 두게 되면, 즉 갑일간(甲日干)이 신유(申酉)를 보게 될 경우, 정관(正官)인 신금(辛金)이 건록에 앉아 있으므로 반드시 정관을 만나게 된다는 해석도 가능하다.

십성적으로는 갑(甲)이 인(寅)을 보면 비견(比肩) 위에 앉아 있으므로 주체성, 독립성 등 비견의 속성을 해석할 수 있다. 하지만 12운성적(十二運星的)인 해석을 더하면 보다 정밀하고 풍성한 의미를 도출할 수 있다. 비견이 지지에 건록을 두는 경우, 일간인 나 역시 같은 건록의 기운을 가지게 된다.

(6) 비견(比肩) 아래에 제왕(帝旺)이 있을 경우

○ 병(丙)　○ 병(丙)

○ 자(子)　○ 오(午)

천간(天干)에 있는 비견(比肩)이 지지(地支)에 자기를 보았을 때 제왕(帝旺)이라는 말은 병화(丙火) 일간(日干)이 천간에서 병화를 보았는데 밑에 오(午)를 깔고 있는 병오(丙午)를 본 경우이다.

내가 만나는 비견은 제왕에 앉아 있으므로 제왕의 키워드인 왕성한 활동력과 추진력이 뛰어난 사람을 만난다는 뜻이다. 십성(十星)적으로는 병(丙)이 오(午)를 보면 겁재(劫財) 위에 앉아 있으므로 겁재적인 해석이 가능하지만, 여기에 12운성(十二運星)적 해석을 더하면 더욱 풍부하고 정확한 설명이 된다.

비견이 아래에 제왕이 있을 경우, 일간인 나 역시 같은 제왕의 관계로 본다.

(7) 비견(比肩) 아래에 쇠(衰)가 있을 경우

○ 갑(甲)　○ 갑(甲)
○ 자(子)　○ 진(辰)

천간(天干)에 있는 비견(比肩)이 지지(地支)에 자기를 보았을 때 쇠(衰)라는 말은 갑목(甲木) 일간(日干)이 천간에서 갑목을 보았고 밑에 진(辰)을 깔고 있는 갑진(甲辰)을 본 경우이다.

내가 만나는 비견은 쇠에 앉아 있으므로 쇠의 키워드인 정신적인 배움과 가르침, 조직의 정신적 성장과 발전에 관련 있거나 그런 소질이 있는 사람을 만난다는 뜻이다.

십성적으로는 갑(甲)이 진(辰)을 보면 편재(偏財) 위에 앉아 있어 재성(財星)적인 해석이 가능하지만, 12운성적으로는 꽤 다른 의미가 된다.
비견이 아래에 쇠가 있을 경우, 일간인 나도 같은 쇠의 관계로 본다.

여기서부터는 음적 12운성으로 쇠의 키워드는 양적 12운성의 양(養) 키워드에 정신적인 면을 추가하면 된다.

그리고 쇠와 양(養), 병(病)과 장생(長生), 사(死)와 목욕(沐浴), 묘(墓)와 관대(冠帶), 절(絶)과 건록(建祿), 태(胎)와 제왕(帝旺)은 서로 충(沖)하는 관계이며 같은 키워드로 해석하나, 차이는 육체적이고 현실적인 양의 12운성과 정신적이며 이상적인 음의 12운성으로 판단하면 된다.

(8) 비견(比肩) 아래에 병(病)이 있을 경우

○ 병(丙) ○ 병(丙)
○ 자(子) ○ 신(申)

천간에 있는 비견이 지지에 자기를 보았을 때 병(病)이라는 말은 병화(丙火) 일간이 천간에서 병화를 보았는데 밑에 신(申)을 깔고 있는 병신

(丙申)을 본 경우이다.

내가 만나는 비견은 병에 앉아 있으므로 병의 키워드인 정신적인 무언가를 만들어 내는 창조적인 사람 또는 그런 깨달음을 얻는 사람을 만난다는 의미이다.

십성적으로는 병(丙)이 신(申)을 보면 재성(財星) 위에 앉아 있으므로 재성적인 해석이 가능하지만, 여기에 12운성적 해석을 더하면 풍부한 의미와 정확한 설명이 된다.

비견이 아래에 병을 두고 있으면 일간인 나 역시 같은 병의 관계가 된다.

(9) 비견(比肩) 아래에 사(死)가 있을 경우

○   갑(甲)   ○   갑(甲)
○   자(子)   ○   오(午)

천간에 있는 비견이 지지에 자기를 보았을 때 사(死)라는 말은 갑목(甲木) 일간이 천간에서 갑목을 보았는데 밑에 오(午)를 깔고 있는 갑오(甲午)를 본 경우이다.

내가 만나는 비견은 사에 앉아 있으므로 사의 키워드인 정신적인 즐거움과 관련 있는 사람을 만난다는 뜻이다.

십성적으로는 갑(甲)이 오(午)를 보면 상관(傷官) 위에 앉아 있으므로 상관적인 해석이 가능하지만, 여기에 12운성적 해석을 더하면 더욱 풍부한 의미가 된다.

비견이 아래에 사가 있을 경우 일간인 나 역시 같은 사의 관계로 본다.

(10) 비견(比肩) 아래에 묘(墓)가 있을 경우

- ○ 병(丙)　○ 병(丙)
- ○ 자(子)　○ 술(戌)

천간에 있는 비견이 지지에 자기를 보았을 때 묘(墓)라는 말은 병화(丙火) 일간이 천간에서 병화를 보았는데 밑에 술(戌)을 깔고 있는 병술(丙戌)을 본 경우이다.

내가 만나는 비견은 묘에 앉아 있으므로 묘의 키워드인 정신적인 멋을 부리는 사람을 만난다는 의미이다.

십성적으로는 병(丙)이 술(戌)을 보면 식신(食神) 위에 앉아 있으므로 식신적인 해석이 가능하지만, 여기에 12운성적 해석을 더하면 풍부한 해석이 된다.

비견이 아래에 묘가 있을 경우 일간인 나 역시 같은 묘의 관계로 본다.

(11) 비견(比肩) 아래에 절(絶)이 있을 경우

○ 갑(甲)　○ 갑(甲)
○ 자(子)　○ 신(申)

천간에 있는 비견이 지지에 자기를 보았을 때 절(絶)이라는 말은 갑목(甲木) 일간이 천간에서 갑목을 보았는데 밑에 신(申)을 깔고 있는 갑신(甲申)을 본 경우이다.

내가 만나는 비견은 절에 앉아 있으므로 절의 키워드인 정신적인 만남이 주가 되는 사람을 만난다는 뜻이다.

십성적으로는 갑(甲)이 신(申)을 보면 편관(偏官) 위에 앉아 있으므로 편관적인 해석이 가능하지만, 12운성적으로는 꽤 다른 의미가 된다.

비견이 아래에 절이 있을 경우 일간인 나 역시 같은 절의 관계로 본다.

(12) 비견(比肩) 아래에 태(胎)가 있을 경우

○ 병(丙)　○ 병(丙)
○ 신(申)　○ 자(子)

천간에 있는 비견이 지지에 자기를 보았을 때 태(胎)라는 말은 병화(丙

火) 일간이 천간에서 병화를 보았는데 밑에 자(子)를 깔고 있는 병자(丙子)를 본 경우이다.

내가 만나는 비견은 태에 앉아 있으므로 태의 키워드인 정신적인 왕성한 활동력을 가진 사람을 만난다는 뜻이다.

십성적으로는 병(丙)이 자(子)를 보면 정관(正官) 위에 앉아 있으므로 정관적인 해석이 가능하지만, 여기에 12운성적 해석을 더하면 풍부하고 정확한 설명이 된다.

비견이 아래에 태가 있을 경우 일간인 나 역시 같은 태의 관계로 본다.

3) 천간에 겁재(劫財)가 있을 때

갑(甲)　을(乙)
○　　　해(亥)

천간(天干)에서 겁재(劫財)를 만날 경우, 겁재(劫財) 밑에 있는 12운성(十二運星)은 겁재가 볼 때 생(生)이면, 일간(日干)이 볼 때는 사(死)가 된다. 이것이 바로 양생음사(陽生陰死) 또는 음생양사(陰生陽死)라는 개념이다.

따라서 겁재(劫財) 밑에 12운성(十二運星)이 양(養)이면, 일간(日干)이 볼 때는 묘(卯)가 되고, 장생(長生)이면 사(死), 목욕(沐浴)이면 병(病), 관대(冠帶)이면 쇠(衰), 건록(健祿)이면 제왕(帝旺), 제왕(帝旺)이면 건록(健祿)이 된다.

반면 천간(天干)에서 비견(比肩)을 만날 때는 비견(比肩) 밑의 12운성(十二運星)은 비견(比肩)과 일간(日干)이 동일하게 해석한다. 그러나 겁재(劫財) 밑에 있는 12운성(十二運星)은 나(일간)와 겁재(劫財) 사이에 음양(陰陽)이 달라 서로 다른 영향을 미친다. 즉, 겁재(劫財)가 음적(陰的) 12운성 위에 있다면, 나(일간)와의 관계는 양적(陽的) 12운성으로 작용하는 것이다.

(1) 겁재 아래에 양(養)이 있을 경우

○　갑(甲)　○　을(乙)
○　자(子)　○　미(未)

천간(天干)에 있는 겁재(劫財)가 지지(地支)에 양(養)을 깔고 있다는 것은, 갑목일간(甲木日干)이 천간에서 을목(乙木)을 보았고, 밑에 미토(未土)를 깔고 있는 을미(乙未)를 본 경우이다.

내가 만나는 겁재(劫財)는 양(養)에 앉아 있으므로, 양(養)의 키워드인 배움과 가르침, 조직의 성장과 발전과 관련 있거나 그런 소질이 있는 사람, 혹은 경쟁자를 만난다는 뜻이다. 십성(十星)으로 보면 을목(乙木)이

미토(未土)를 보면 편재(偏財) 위에 있으므로 재성(財星)적인 해석이 가능하지만, 12운성(十二運星)적으로는 전혀 다른 의미가 된다.

겁재(劫財) 아래에 양(養)이 있을 경우, 일간(日干)인 나는 묘(卯)의 관계로 본다.

(2) 겁재 아래에 장생(長生)이 있을 경우

○ 병(丙)   ○ 정(丁)
○ 자(子)   ○ 유(酉)

천간(天干)에 있는 겁재(劫財)가 지지(地支)에 장생(長生)을 두고 있다는 것은 병화일간(丙火日干)이 천간에서 정화(丁火)를 보고, 밑에 유금(酉金)을 깔고 있는 정유(丁酉)를 본 경우이다.

내가 만나는 겁재(劫財)는 장생(長生)에 앉아 있으므로, 장생(長生)의 키워드인 무언가를 창조하는 사람 혹은 그런 에너지를 가진 사람이다. 겁재(劫財)가 장생(長生)에 앉아 자주 출현한다고 볼 수도 있다.

십성(十星)으로 보면 정화(丁火)가 유금(酉金)을 보면 편재(偏財) 위에 있어 재성(財星)적인 해석이 가능하나, 12운성(十二運星)적으로 해석하면 보다 풍부하고 정확한 설명이 된다.

겁재(劫財) 아래 장생(長生)이 있을 때, 일간(日干)인 나는 사(巳)의 관계로 본다.

(3) 겁재 아래에 목욕(沐浴)이 있을 경우

○ 갑(甲)   ○ 을(乙)
○ 인(寅)   ○ 사(巳)

천간(天干)의 겁재(劫財)가 지지(地支)에 목욕(沐浴)을 두고 있다는 것은 갑목일간(甲木日干)이 천간에서 을목(乙木)을 보고, 밑에 사화(巳火)를 깔고 있는 갑자(甲子)를 본 경우이다.

내가 만나는 겁재(劫財)는 목욕(沐浴)에 앉아 있으므로, 목욕(沐浴)의 키워드인 즐거움이나 걱정 없는 사람을 만난다는 뜻이다. 십성(十星)으로 보면 을목(乙木)이 사화(巳火)를 보면 상관(傷官) 위에 있으므로 상관(傷官)적인 해석과 함께 12운성(十二運星)적 해석을 더하면 된다.

겁재(劫財) 아래 목욕(沐浴)이 있을 경우, 일간(日干)인 나는 병(丙)의 관계로 본다.

(4) 겁재 아래에 관대(冠帶)가 있을 경우

○ 병(丙)   ○ 정(丁)

○ 자(子)   ○ 미(未)

천간(天干)에 있는 겁재(劫財)가 지지(地支)에 관대(冠帶)를 두고 있다는 것은 병화일간(丙火日干)이 천간에서 정화(丁火)를 보고, 밑에 미토(未土)를 깔고 있는 정미(丁未)를 본 경우이다.

내가 만나는 겁재(劫財)는 관대(冠帶)에 앉아 있으므로, 관대(冠帶)의 키워드인 멋과 품, 혹은 제복을 입은 사회적 지위가 있는 사람을 만난다는 뜻이다. 이는 외형적인 인상이나 사회적 역할에서 풍기는 품위, 책임감을 지닌 인물로 해석할 수 있다.

십성(十星)으로 보면 정화(丁火)가 미토(未土)를 보면 식신(食神) 위에 있어 식신(食神)적인 해석이 가능하며, 12운성(十二運星)적 해석을 병행하면 더 풍부한 의미를 얻을 수 있다.

겁재(劫財) 아래 관대(冠帶)가 있을 경우, 일간(日干)인 나는 쇠(衰)의 관계로 본다.

(5) 겁재 아래에 건록(建祿)이 있을 경우

○ 갑(甲)   ○ 을(乙)
○ 자(子)   ○ 묘(卯)

천간(天干) 겁재(劫財)가 지지(地支)에 건록(建祿)을 두고 있다는 것은 갑목일간(甲木日干)이 천간에서 을목(乙木)을 보고, 밑에 묘목(卯木)을 깔고 있는 을묘(乙卯)를 본 경우이다.

내가 만나는 겁재(劫財)는 건록(建祿)에 앉아 있으므로 '만남'이 주가 되는 사람이다. 밑에 비견(比肩)이 깔려 있어 주체성도 강하며 자주 다양한 만남을 가진다. 여기서 말하는 만남은 단순한 인간관계를 넘어서 사회적, 정신적, 감정적 교류를 모두 포함하는 폭넓은 해석이 가능하다. 지지(地支)에 건록(建祿)을 두는 것은 이러한 만남이 필수적이라는 의미이기도 하다.

십성(十星)으로 보면 을목(乙木)이 묘목(卯木)을 보면 비견(比肩) 위에 있어 비견(比肩)적인 주체성 해석이 가능하지만, 12운성(十二運星)적으로는 또 다른 의미가 된다.

겁재(劫財) 아래 건록(建祿)이 있을 경우, 일간(日干)인 나는 제왕(帝旺)의 관계로 본다.

(6) 겁재 아래에 제왕(帝旺)이 있을 경우

○ 병(丙)　○ 정(丁)
○ 자(子)　○ 사(巳)

천간(天干) 겁재(劫財)가 지지(地支)에 제왕(帝旺)을 두고 있다는 것은 병화일간(丙火日干)이 천간에서 정화(丁火)를 보고, 밑에 사화(巳火)를 깔고 있는 정사(丁巳)를 본 경우이다.

내가 만나는 겁재(劫財)는 제왕(帝旺)에 앉아 있으므로, 제왕(帝旺)의 키워드인 왕성한 활동력과 추진력이 좋은 사람을 만난다는 뜻이다. 십성(十星)으로 보면 정화(丁火)가 사화(巳火)를 보면 겁재(劫財) 위에 있으므로 겁재(劫財)적 해석이 가능하며, 12운성(十二運星)적 해석을 더하면 더 풍부하고 정확한 설명이 된다.

겁재(劫財) 아래 제왕(帝旺)이 있을 경우, 일간(日干)인 나는 건록(建祿)의 관계로 본다.

(7) 겁재 아래에 쇠(衰)가 있을 경우

| ○ 갑(甲) | ○ 을(乙) |
| ○ 자(子) | ○ 축(丑) |

천간(天干) 겁재(劫財)가 지지(地支)에서 쇠(衰)를 본다는 것은 갑목일간(甲木日干)이 천간에서 을목(乙木)을 보고, 밑에 축토(丑土)를 깔고 있는 을축(乙丑)을 본 경우이다.

내가 만나는 겁재(劫財)는 쇠(衰)에 앉아 있으므로, 쇠(衰)의 키워드인 정신적인 배움과 가르침, 조직의 정신적 성장과 발전에 관련된 사람을 만난다는 뜻이다. 십성(十星)으로 보면 을목(乙木)이 축토(丑土)를 보면 편재(偏財) 위에 있어 재성(財星)적인 해석이 가능하며, 12운성(十二運星)적 해석으로 더 풍부한 의미를 얻는다.

겁재(劫財) 아래 쇠(衰)가 있을 경우, 일간(日干)인 나는 관대(冠帶)의 관계로 본다.

(여기서부터는 음적(陰的) 12운성(十二運星)에서 쇠(衰)의 키워드에 양적(陽的) 12운성의 정신적인 면을 추가해 해석한다. 또한 쇠(衰)와 양(養), 병(病)과 장생(長生), 사(死)와 목욕(沐浴), 묘(墓)와 관대(冠帶), 절(絶)과 건록(建祿), 태(胎)와 제왕(帝旺)은 서로 충(沖)하는 관계이며, 같은 키워드로 해석하지만 육체적이고 현실적인 양(陽)의 12운성과 정신적이고 이상적인 음(陰)의 12운성으로 구분한다.)

(8) 겁재 아래에 병(病)이 있을 경우

- ○ 병(丙)   ○ 정(丁)
- ○ 자(子)   ○ 묘(卯)

천간(天干) 겁재(劫財)가 지지(地支)에서 병(病)을 본다는 것은 병화일간(丙火日干)이 천간에서 정화(丁火)를 보고, 밑에 묘목(卯木)을 깔고 있는 정묘(丁卯)를 본 경우이다.

내가 만나는 겁재(劫財)가 병(病)에 앉아 있으므로, 병(病)의 키워드인 정신적인 무언가를 창조하거나 깨달음을 얻는 사람을 만난다는 뜻이다. 십성(十星)으로 보면 정화(丁火)가 묘목(卯木)을 보면 편인(偏印) 위에 있어 편인(偏印)적인 해석이 가능하며, 12운성(十二運星)적으로 해석하면 더욱 풍부하고 정확한 설명이 된다.

겁재(劫財) 아래 병(病)이 있을 경우, 일간(日干)인 나는 목욕(沐浴)의 관계로 본다.

(9) 겁재 아래에 사(死)가 있을 경우

○ 갑(甲)   ○ 을(乙)
○ 자(子)   ○ 해(亥)

천간(天干) 겁재(劫財)가 지지(地支)에 사(死)를 두고 있다는 것은 갑목 일간(甲木日干)이 천간에서 을목(乙木)을 보고, 밑에 해수(亥水)를 깔고 있는 을해(乙亥)를 본 경우이다.

내가 만나는 겁재(劫財)는 사(死)에 앉아 있으므로, 사(死)의 키워드인 정신적인 즐거움과 관련된 사람을 만난다는 뜻이다. 십성(十星)으로 보면 을(乙)이 해(亥)를 보면 정인(正印) 위에 있어 정인(正印)적인 해석이 가능하며, 12운성(十二運星)적 해석을 더하면 더욱 풍부한 의미가 된다.

겁재(劫財) 아래 사(死)가 있을 경우, 일간(日干)인 나는 생(生)의 관계로 본다.

(10) 겁재 아래에 묘가 있을 경우

○ 병(丙)　○ 정(丁)
○ 자(子)　○ 축(丑)

천간(天干)에 있는 겁재(劫財)가 바로 밑에 묘(墓)가 있다는 말은 병화일간(丙火日干)이 천간에서 정화(丁火)를 보았는데 밑에 축토(丑土)를 깔고 있는 갑자(甲子), 즉 정축(丁丑)을 보았다는 경우인데, 내가 만나는 겁재(劫財)가 묘(墓)에 앉아 있으므로 묘(墓)의 키워드인 정신적인 멋을 부리는 사람을 만난다는 것이다.

십성(十星)적으로는 정화(丁火)가 축토(丑土)를 보면 식신(食神) 위에 앉아 있으므로 식신(食神)적인 해석을 할 수 있으나 여기에 더하여 12운성(十二運星)적 해석을 더하면 풍부한 해석이 될 수 있다.

겁재(劫財)가 아래에 묘(墓)가 있을 경우에는 일간(日干)인 나와의 관계는 양(養)의 관계가 된다.

(11) 겁재 아래에 절이 있을 경우

○ 갑(甲) ○ 을(乙)
○ 자(子) ○ 유(酉)

천간(天干)에 있는 겁재(劫財)가 지지(地支)에서 절(絶)을 보는 경우는 갑목일간(甲木日干)이 천간에서 을목(乙木)을 보았는데 밑에 유금(酉金)을 깔고 있는 갑자(甲子), 즉 을유(乙酉)를 보았다는 경우인데, 내가 만나는 겁재(劫財)는 절(絶)에 앉아 있으므로 절(絶)의 키워드인 정신적인 만남이 주가 되는 사람을 만난다는 것이다.

십성(十星)적으로는 을목(乙木)이 유금(酉金)을 보면 편관(偏官) 위에 앉아 있으므로 편관(偏官)적인 해석을 할 수 있으나 12운성(十二運星)적으로는 꽤나 다른 의미가 된다.

겁재(劫財)가 아래에 절(絶)을 두는 경우에는 일간(日干)인 나와의 관계는 태(胎)의 관계가 된다.

(12) 겁재(劫財) 아래에 태(胎)가 있을 경우

○ 병(丙) ○ 정(丁)
○ 신(申) ○ 해(亥)

천간(天干)에 있는 겁재(劫財)가 지지(地支)에서 태(胎)를 보는 경우는 병화일간(丙火日干)이 천간(天干)에서 정화(丁火)를 보았는데 밑에 해수(亥水)를 깔고 있는 갑자(甲子), 즉 정해(丁亥)를 보았다는 경우인데, 내가 만나는 겁재(劫財)는 태(胎)에 앉아 있으므로 태(胎)의 키워드인 정신적인 왕성한 활동을 하는 사람을 만난다는 것이다.

십성(十星)적으로는 정화(丁火)가 해수(亥水)를 보면 정관(正官) 위에 앉아 있으므로 정관(正官)적인 해석을 할 수 있으나 여기에 더하여 12운성(十二運星)적 해석을 더하면 풍부한 해석과 더불어 정확한 설명이 된다.

겁재(劫財)가 아래에 태(胎)를 두는 경우는 일간(日干)인 나와의 관계는 절(絶)의 관계가 된다.

4) 천간에 상관(傷官)이 있을 때

무(戊)   신(辛)
○   축(丑)

천간(天干)에서 상관(傷官)을 볼 경우에는 상관(傷官) 바로 밑에 있는 12운성(十二運星)이 이 상관(傷官)을 직접적으로 규정하기 때문에 나의 상관(傷官)이 어떠한 상태인가를 알 수 있게 된다. 상관(傷官)이라고 하는 것은 나의 능력을 발휘하는 것이며, 인간관계에서는 여자에게는 자식이 되고, 남자에게는 장모가 되는 것이니 이러한 나의 능력 또는 나의 자식이 어떠한 상태인가를 가장 먼저 규정하게 된다.

예를 들어 상관(傷官) 아래에 양(養)이 있다면 나는 나의 능력을 항상 배우면서 키워 나가는 것이며, 여자에게는 자식이니 자식이 배움과 조직의 키움에 능력이 있는 사람이니 능력이 있는 사람이라는 뜻이다. 만일 이 상관(傷官)이 생(生)의 자리에 앉아 있다면 나의 능력이 생겨남이니, 이 능력 저 능력이 생겨난다거나 무언가를 만들어 내는 능력이 있다는 뜻이며, 자식이라고 하면 그러한 능력이 있는 자식이라는 뜻이 된다.

상관(傷官) 밑에 있는 12운성(十二運星)은 위의 비견(比肩), 겁재(劫財)에서 살펴보았듯이 각각의 단계를 그에 맞는 키워드에 대입하면 풍부한 해석을 할 수 있다.

갑(甲), 을(乙) 일간(日干)에게는 정화(丁火), 병화(丙火)가 상관(傷官)이니 병(丙), 정(丁)화 밑에 올 수 있는 것은 생(生), 왕(旺), 묘(墓), 병(病), 태(胎), 대(帶)이고, 병(丙), 정(丁) 일간에게는 기토(己土), 무토(戊土)가 상관(傷官)이니 무(戊), 기(己)토 밑에 올 수 있는 것 역시 생(生), 왕(旺), 묘(墓), 병(病), 태(胎), 대(帶)이다.

무(戊), 기(己)토는 신금(辛金), 경금(庚金)을 상관(傷官)으로 쓰니 경(庚), 신(辛)금 밑에 올 수 있는 것은 록(祿), 사(死), 양(養), 절(絶), 욕(浴), 쇠(衰)만이 올 수 있으며, 경(庚), 신(辛)금은 계수(癸水), 임수(壬水)를 상관(傷官)으로 쓰니 임(壬), 계(癸)수 밑에 올 수 있는 것은 생(生), 왕(旺),

묘(墓), 병(病), 태(胎), 대(帶)만이 올 수 있다.

임(壬), 계(癸)수는 을목(乙木), 갑목(甲木)이 상관(傷官)이므로 갑(甲), 을(乙) 밑에 올 수 있는 것은 록(祿), 사(死), 양(養), 절(絶), 욕(浴), 쇠(衰) 만이 올 수 있다.

5) 천간(天干)에 식신(食神)이 있을 때

무(戊)   경(庚)
○   오(午)

천간(天干)에서 식신(食神)을 볼 경우에는 식신(食神) 바로 밑에 있는 12운성(十二運星)이 이 식신(食神)을 직접적으로 규정하기 때문에 나의 식신(食神)이 어떠한 상태인가를 알 수 있게 된다. 12운성(十二運星) 공부 전에 십성(十星)에 대한 이해가 깊어야 사주(四柱) 해석이 원활할 수 있다. 비견(比肩)·겁재(劫財)·식신(食神)·상관(傷官)·정재(正財)·편재(偏財)·정관(正官)·편관(偏官)·정인(正印)·편인(偏印) 등 십성(十星)의 차이와 이들이 의미하는 성정(性情), 인간관계, 그리고 사물에 대해 폭넓게 이해하고 있어야 한다.

식신(食神)은 상관(傷官)과 마찬가지로 나의 능력을 발휘하는 것으로, 인간관계에서는 여자에게는 자식이 되고 남자에게는 장모(丈母) 또는 조모(祖母)가 되는 존재이다. 따라서 나의 능력 또는 자식(子息)이 어떠한 상태인지를 가장 먼저 규정하게 된다.

예를 들어 식신(食神) 아래에 목욕(沐浴)이 있다면 나의 식신적(食神的) 능력은 즐거움과 걱정이 없으며, 항상 능력 발휘가 즐거운 상태임을 뜻한다. 여자에게는 자식이니 자식이 즐겁고 걱정 없는 사람이라는 의미이다. 만약 식신(食神)이 관대(冠帶) 자리에 앉아 있다면 나의 능력은 남들이 보기에 폼 나는, 꽤 그럴듯한 능력을 가졌다는 뜻이며, 관대(冠帶)가 제복과 관련 있으므로 나의 식신적(食神的) 능력이 제복을 입는 것과도 연관이 있음을 알 수 있다. 여자에게 식신(食神)은 자식이기도 하므로, 자식이 폼 나는 자리나 제복을 입는 사람이 된다는 의미가 된다.

식신(食神) 밑에 있는 12운성(十二運星)은 비견(比肩)과 겁재(劫財)에서 살펴보았듯, 각 단계를 그에 맞는 키워드에 대입하여 풍부한 해석을 할 수 있다.

갑(甲)·을(乙) 일간(日干)에게는 병(丙)·정화(丁火)가 식신(食神)이므로 병(丙)·정화(丁火) 밑에 올 수 있는 것은 생(生)·왕(旺)·묘(墓)·병(病)·태(胎)·대(帶)이고, 병(丙)·정(丁) 일간(日干)에게는 무(戊)·기토(己土)가 식신(食神)이므로 무(戊)·기토(己土) 밑에 올 수 있는 것 역시 생(生)·왕(旺)·묘(墓)·병(病)·태(胎)·대(帶)이다. 무(戊)·기토(己土)는 경(庚)·신금(辛金)을 식신(食神)으로 쓰니 경(庚)·신금(辛金) 밑에는 록(祿)·사(死)·양(養)·절(絶)·욕(辱)·쇠(衰)만이 올 수 있으며, 경(庚)·신금(辛金)은 임(壬)·계수(癸水)를 식신(食神)으로 쓰니 임(壬)·계수(癸水)

밑에 올 수 있는 것은 생(生)·왕(旺)·묘(墓)·병(病)·태(胎)·대(帶)만이 올 수 있다. 임(壬)·계수(癸水)는 갑(甲)·을(乙)·목(木)을 식신(食神)으로 쓰므로 갑(甲)·을(乙) 밑에 올 수 있는 것은 록(祿)·사(死)·양(養)·절(絶)·욕(辱)·쇠(衰)만이 올 수 있다.

6) 천간(天干)에 정재(正財)가 있을 때

병(丙)   신(辛)
○   유(酉)

천간(天干)에서 정재(正財)를 볼 경우에는 정재(正財) 바로 밑에 있는 12운성(十二運星)이 이 정재(正財)를 직접적으로 규정하는 것이기 때문에 나의 정재(正財)가 어떠한 상태인가를 알 수 있게 된다. 정재(正財)라고 하는 것은 내가 능력을 발휘하여 얻는 결과물, 재물, 부인, 애인 등등의 모든 나의 정재적(正財的) 속성이 어떠한가를 규정하는 것이다.

예를 들어서 정재(正財) 아래에 건록(建祿)이 있다면 건록(建祿)의 키워드인 만남으로 규정되는 것이니 나는 정재(正財)를 반드시 만나게 되고 십성(十星)적인 의미로는 정재(正財) 아래에 비견(比肩)이 있으므로 정재(正財)다운 정재(正財)를 만나게 된다고 해석할 수 있다. 사업을 한다면 사업다운 사업이며 부인으로 본다면 부인다운 부인을 만나게 되는 것이다. 만일에 이 정재(正財)가 제왕(帝旺)의 자리에 앉아 있다면 나의 정재(正財)는 왕성한(旺盛) 활동(活動)을 한다고 규정하니 사업을 한다면 왕

성하게 사업을 하게 되며 부인을 만난다면 왕성한 활동을 하는 부인을 만
난다는 뜻이 된다.

정재(正財) 밑에 오는 12운성(十二運星)은 일간(日干)에 따라 12단계
(十二段階)가 모두 올 수 있으므로 위의 비견(比肩) 겁재(劫財)에서 살펴
보았듯이 각각의 단계를 그에 맞는 키워드에 대입해 주면 풍부한 해석을
할 수 있게 된다.

갑(甲)·을(乙) 일간(日干)에게는 기토(己土) 무토(戊土)가 정재(正財)
이니 무기토(戊己土) 밑에 올 수 있는 것은 생(生)·왕(旺)·묘(墓)·병
(病)·태(胎)·대(帶)이고, 병(丙)·정(丁) 일간(日干)에게는 신금(辛金)
경금(庚金)이 정재(正財)이니 경신금(庚辛金) 밑에 올 수 있는 것은 록
(祿)·사(死)·양(養)·절(絶)·욕(辱)·쇠(衰)이고, 무기토(戊己土)는 계수
(癸水) 임수(壬水)를 정재(正財)로 쓰니 임계수(壬癸水) 밑에 올 수 있는
것은 생(生)·왕(旺)·묘(墓)·병(病)·태(胎)·대(帶)만이 올 수 있으며, 경
신금(庚辛金)은 을목(乙木) 갑목(甲木)을 정재(正財)로 쓰니 갑을목(甲乙
木) 밑에 올 수 있는 것은 록(祿)·사(死)·양(養)·절(絶)·욕(辱)·쇠(衰)
만이 올 수 있으며, 임계수(壬癸水)는 정화(丁火) 병화(丙火)가 정재(正
財)이므로 병정(丙丁火) 밑에 올 수 있는 것은 생(生)·왕(旺)·묘(墓)·병
(病)·태(胎)·대(帶)만이 올 수 있다.

7) 천간(天干)에 편재(偏財)가 있을 때

병(丙)　경(庚)
○　　　진(辰)

천간(天干)에서 편재(偏財)를 볼 경우에는 편재(偏財) 바로 밑에 있는 12운성(十二運星)이 이 편재(偏財)를 직접적으로 규정하는 것이기 때문에 나의 편재(偏財)가 어떠한 상태인가를 알 수 있게 된다. 편재(偏財)라고 하는 것은 일반적으로 치우친 재물, 결과물, 유흥, 아버지, 남자에게는 애인, 시어머니 등등의 모든 나의 편재적(偏財的) 속성이 어떠한가를 규정하는 것이다.

예를 들어서 편재(偏財) 아래에 양(養)이 있다면 양(養)의 키워드인 배움과 가르침으로 규정되는 것이니 나는 편재(偏財)를 공부한다거나 편재(偏財)에 해당하는 아버지나 시어머니가 교육적인 사람인 것을 알 수 있다. 또는 편재(偏財) 아래에 제왕(帝旺)이 있다면 편재(偏財)에 대한 활동이 왕성한 사람이라든지 편재(偏財)에 해당하는 아버님이 왕성한 활동을 하는 사람이라는 것이다. 편재(偏財) 아래에 생(生)이 있다면 편재(偏財)를 자주 만들어 내는 사람, 관대(冠帶)가 있다면 편재(偏財)가 폼 나는 사람이라는 것이다.

편재(偏財) 밑에 오는 12운성(十二運星)은 일간(日干)에 따라 12단계가 모두 올 수 있으므로 위의 비견(比肩) 겁재(劫財)에서 살펴보았듯이 각각의 단계를 그에 맞는 키워드에 대입해 주면 풍부한 해석을 할 수 있게 된다.

갑(甲)·을(乙) 일간(日干)에게는 무기토(戊己土)가 편재(偏財)이니 무기토(戊己土) 밑에 올 수 있는 것은 생(生)·왕(旺)·묘(墓)·병(病)·태(胎)·대(帶)이고, 병(丙)·정(丁) 일간(日干)에게는 경신금(庚辛金)이 편재(偏財)이니 경신금(庚辛金) 밑에 올 수 있는 것은 록(祿)·사(死)·양(養)·절(絶)·욕(浴)·쇠(衰)이고, 무기토(戊己土)는 임계수(壬癸水)를 편재(偏財)로 쓰니 임계수(壬癸水) 밑에 올 수 있는 것은 생(生)·왕(旺)·묘(墓)·병(病)·태(胎)·대(帶)만이 올 수 있으며, 경신금(庚辛金)은 갑을목(甲乙木)을 편재(偏財)로 쓰니 갑을목(甲乙木) 밑에 올 수 있는 것은 록(祿)·사(死)·양(養)·절(絶)·욕(浴)·쇠(衰)만이 올 수 있으며, 임계수(壬癸水)는 병정화(丙丁火)가 편재(偏財)이므로 병정(丙丁火) 밑에 올 수 있는 것은 생(生)·왕(旺)·묘(墓)·병(病)·태(胎)·대(帶)만이 올 수 있다.

8) 천간(天干)에 정관(正官)이 있을 때

병(丙)　　계(癸)
○　　　　사(巳)

천간(天干)에서 정관(正官)을 볼 경우에는 정관(正官) 바로 밑에 있는 12운성(十二運星)이 이 정관(正官)을 직접적으로 규정하는 것이기 때문에 나의 정관(正官)이 어떠한 상태인가를 알 수 있게 된다. 정관(正官)이라고 하는 것은 사회나 조직을 의미하거나 바른 심성 등을 의미하며, 남자에게는 자식, 여성에게는 남편을 의미하게 된다. 이러한 정관(正官) 아래에 무엇이 있는가에 따라서 나의 정관(正官)의 속성을 알게 된다.

예를 들어서 정관(正官) 아래에 태(胎)가 있다면 나의 자식이나 남편이 정신적인 활동을 왕성하게 하는 사람이라는 것을 의미하게 된다. 정관(正官) 아래에 양(養)이나 사(死)가 있다면 나의 직장은 가르치고 배우는 것과 관련된 교육 기관일 가능성이 높다는 말이다. 관대(冠帶)나 묘(墓)가 있다면 직장이 폼이 나거나 남편이나 자식이 폼이 나는 사람이라는 뜻이 된다. 생(生)이나 병(病)을 밑에 두고 있으면 직장이 자주 생길 수가 있고 여자에게는 이성이 자주 생기게 되는 것이다.

정관(正官) 밑에 오는 12운성(十二運星)은 일간(日干)에 따라 12단계가 모두 올 수 있으므로 위의 비견(比肩) 겁재(劫財)에서 살펴보았듯이 각각의 단계를 그에 맞는 키워드에 대입을 해 주면 풍부한 해석을 할 수 있게 된다.

갑(甲)·을(乙) 일간(日干)에게는 신금(辛金)·경금(庚金)이 정관(正官)이니 경신금(庚辛金) 밑에 올 수 있는 것은 록(祿)·사(死)·양(養)·절(絶)·욕(浴)·쇠(衰)이고, 병(丙)·정(丁) 일간(日干)에게는 계수(癸水)·임수(壬水)가 정관(正官)이니 임계수(壬癸水) 밑에 올 수 있는 것은 생(生)·왕(旺)·묘(墓)·병(病)·태(胎)·대(帶)이고, 무기토(戊己土)는 을목(乙木)·갑목(甲木)을 정관(正官)으로 쓰니 갑을목(甲乙木) 밑에 올 수 있는 것은 록(祿)·사(死)·양(養)·절(絶)·욕(浴)·쇠(衰)만이 올 수 있으며, 경신금(庚辛金)은 정화(丁火)·병화(丙火)를 정관(正官)으로 쓰니 병정화(丙丁火) 밑에 올 수 있는 것은 생(生)·왕(旺)·묘(墓)·병(病)·태(胎)·대(帶)만이 올 수 있으며, 임계수(壬癸水)는 기토(己土)·무토(戊土)가 정관(正官)이므로 무기토(戊己土) 밑에 올 수 있는 것은 생(生)·왕(旺)·묘(墓)·병(病)·태(胎)·대(帶)만이 올 수 있다.

9) 천간(天干)에 편관(偏官)이 있을 때

병(丙)　　임(壬)
○　　　　오(午)

천간(天干)에서 편관(偏官)을 볼 경우에는 편관(偏官) 바로 밑에 있는 12운성(十二運星)이 이 편관(偏官)을 직접적으로 규정하는 것이기 때문에 나의 편관(偏官)이 어떠한 상태인가를 알 수 있게 된다. 편관(偏官)이라고 하는 것은 일반적으로 공포, 스트레스, 인내, 희생, 봉사, 그리고 직장, 남편, 아들 등등의 모든 나의 편관(偏官)적 속성이 어떠한가를 규정하는 것이다.

예를 들어서 편관(偏官) 아래에 생(生)이나 병(病)이 있다면 생(生)의 키워드인 태어남으로 규정되는 것이니 나는 편관(偏官)의 성정(性情)을 자주 만나거나 편관(偏官)에 해당하는 직장이나 사람을 자주 만난다는 뜻이며, 목욕(沐浴)이나 사(死)가 있다면 편관(偏官)이 나름대로 즐거움을 줄 것이다. 관대(冠帶)나 묘(墓)가 있으면 나의 편관(偏官)이 폼이 날 것이고, 건록(建祿)이나 절(絶)이 있으면 그러한 편관(偏官)을 반드시 만나게 되고, 제왕(帝旺)이나 태(胎)가 있다면 편관(偏官)의 활동이 왕성해지니 좋을 수도 나쁠 수도 있을 것이다.

편관(偏官) 밑에 오는 12운성(十二運星)은 일간(日干)에 따라 12단계(十二段階)가 모두 올 수 있으므로 위의 비견(比肩)·겁재(劫財)에서 살펴보았듯이 각각의 단계를 그에 맞는 키워드에 대입해 주면 풍부한 해석을 할 수 있게 된다.

갑(甲)·을(乙) 일간(日干)에게는 경금(庚金)·신금(辛金)이 편관(偏官)이니 경신금(庚辛金) 밑에 올 수 있는 것은 록(祿)·사(死)·양(養)·절(絶)·욕(浴)·쇠(衰)이고, 병(丙)·정(丁) 일간(日干)에게는 임수(壬水)·계수(癸水)가 편관(偏官)이니 임계수(壬癸水) 밑에 올 수 있는 것은 생(生)·왕(旺)·묘(墓)·병(病)·태(胎)·대(帶)이고, 무기토(戊己土)는 갑목(甲木)·을목(乙木)을 편관(偏官)으로 쓰니 갑을목(甲乙木) 밑에 올 수 있는 것은 록(祿)·사(死)·양(養)·절(絶)·욕(浴)·쇠(衰)만이 올 수 있으며, 경신금(庚辛金)은 병화(丙火)·정화(丁火)를 편관(偏官)으로 쓰니 병정화(丙丁火) 밑에 올 수 있는 것은 생(生)·왕(旺)·묘(墓)·병(病)·태(胎)·대(帶)만이 올 수 있으며, 임계수(壬癸水)는 무토(戊土)·기토(己土)가 편관(偏官)이므로 무기토(戊己土) 밑에 올 수 있는 것은 생(生)·왕(旺)·묘(墓)·병(病)·태(胎)·대(帶)만이 올 수 있다.

10) 천간(天干)에 정인(正印)이 있을 때

병(丙)　을(乙)
○　　　유(酉)

천간(天干)에서 정인(正印)을 볼 경우에는 정인(正印) 바로 밑에 있는 12운성(十二運星)이 이 정인(正印)을 직접적으로 규정하는 것이기 때문에 나의 정인(正印)이 어떠한 상태인가를 알 수 있게 된다. 정인(正印)이라고 하는 것은 인간관계로는 어머니, 조부, 사위 등을 의미하며, 나의 학문, 명예, 의식주(衣食住), 문서 등을 의미하게 되므로 이러한 나의 정인(正印)을 규정하게 된다.

예를 들어서 정인(正印) 아래에 양(養)이나 쇠(衰)가 있다면 공부를 잘 하는 편일 것이며, 목욕(沐浴)이나 사(死)가 있다면 나의 학문이 즐거울 것이며, 건록(建祿)이나 절(絶)이 있다면 건록(建祿)의 키워드인 만남으로 규정되니 나는 정인(正印)을 반드시 만나게 되고, 십성(十星)적인 의미로는 정인(正印) 아래에 비견(比肩)이 있으므로 정인다운 정인(正印)을 만나게 된다고 해석할 수 있다. 학문을 한다면 학문다운 학문을 만나게 되는 것이다. 만일에 이 정인(正印)이 제왕(帝旺)이나 태(胎)의 자리에 앉아 있다면 나의 정인(正印)은 왕성한 활동을 한다고 규정하니, 학문을 한다면 왕성하게 공부를 하게 되며 인간관계로는 왕성한 활동을 하는 어머니나 조부 등등을 의미한다고 볼 수 있다.

정인(正印) 밑에 오는 12운성(十二運星)은 일간(日干)에 따라 12단계가 모두 올 수 있으므로, 위의 비견(比肩)·겁재(劫財)에서 살펴보았듯이 각각의 단계를 그에 맞는 키워드에 대입해 주면 풍부한 해석을 할 수 있게 된다.

갑(甲)·을(乙) 일간(日干)에게는 계수(癸水), 임수(壬水)가 정인(正印)이니 임계수(壬癸水) 밑에 올 수 있는 것은 생(生)·왕(旺)·묘(墓)·병(病)·태(胎)·대(帶)이고, 병(丙)·정(丁) 일간(日干)에게는 을목(乙木), 갑목(甲木)이 정인(正印)이니 갑을목(甲乙木) 밑에 올 수 있는 것은 록(祿)·사(死)·양(養)·절(絶)·욕(浴)·쇠(衰)이고, 무(戊)·기(己)토는 정화(丁火), 병화(丙火)를 정인(正印)으로 쓰니 병정화(丙丁火) 밑에 올 수 있는 것은 생(生)·왕(旺)·묘(墓)·병(病)·태(胎)·대(帶)만이 올 수 있으며, 경(庚)·신(辛) 금은 기토(己土), 무토(戊土)를 정인(正印)으로 쓰니 무기토(戊己土) 밑에 올 수 있는 것은 생(生)·왕(旺)·묘(墓)·병(病)·태(胎)·대(帶)만이 올 수 있으며, 임(壬)·계(癸) 수는 신금(辛金), 경금(庚金)이 정인(正印)이므로 경신금(庚辛金) 밑에 올 수 있는 것은 록(祿)·사(死)·양(養)·절(絶)·욕(浴)·쇠(衰)만이 올 수 있다.

11) 천간(天干)에 편인(偏印)이 있을 때

병(丙)   갑(甲)
○   진(辰)

천간(天干)에서 편인(偏印)을 볼 경우에는 편인(偏印) 바로 밑에 있는 12운성(十二運星)이 이 편인(偏印)을 직접적으로 규정하는 것이기 때문에 나의 편인(偏印)이 어떠한 상태인가를 알 수 있게 된다. 편인(偏印)이라고 하는 것은 일반적으로 나의 전문성, 종교, 철학, 신비, 의심 등의 성향이나, 어머니, 조부, 손녀 등등의 모든 나의 편인적 속성이 어떠한가를 규정하는 것이다.

예를 들어서 편인(偏印) 아래에 양(養)이나 쇠(衰)가 있다면 양(養)의 키워드인 배움과 가르침으로 규정되므로 나의 전문성에 대한 공부가 깊으며, 편인(偏印)에 해당하는 어머니나 조부가 교육적인 사람임을 알 수 있다. 또는 편인(偏印) 아래에 목욕(沐浴)이나 사(死)가 있다면 나의 전문성이 즐거울 것이고, 관대(冠帶)나 묘(墓)가 편인(偏印) 아래에 있다면 그 편인(偏印)이 폼이 날 것이며, 건록(建祿)이나 절(絶)이 편인(偏印) 아래에 있다면 그러한 전문성을 반드시 만나게 될 것이며, 제왕(帝旺)이나 태(胎)가 있다면 그 편인(偏印)에 해당하는 전문성이나 어머니, 조부 등이 왕성한 활동을 하는 사람이라는 것을 알 수 있다.

편인(偏印) 밑에 오는 12운성(十二運星)은 일간(日干)에 따라 12단계(十二段階)가 모두 올 수 있으므로, 위의 비견(比肩)·겁재(劫財)에서 살펴보았듯이 각각의 단계를 그에 맞는 키워드에 대입해 주면 풍부한 해석을 할 수 있게 된다.

갑(甲)·을(乙) 일간(日干)에게는 임수(壬水), 계수(癸水)가 편인(偏

印)이니 임계수(壬癸水) 밑에 올 수 있는 것은 생(生)·왕(旺)·묘(墓)·병(病)·태(胎)·대(帶)이고, 병(丙)·정(丁) 일간(日干)에게는 갑목(甲木), 을목(乙木)이 편인(偏印)이니 갑을목(甲乙木) 밑에 올 수 있는 것은 록(祿)·사(死)·양(養)·절(絶)·욕(浴)·쇠(衰)이고, 무(戊)·기(己)토는 병화(丙火), 정화(丁火)를 편인(偏印)으로 쓰니 병정화(丙丁火) 밑에 올 수 있는 것은 생(生)·왕(旺)·묘(墓)·병(病)·태(胎)·대(帶)만이 올 수 있으며, 경(庚)·신(辛) 금은 무토(戊土), 기토(己土)를 편인(偏印)으로 쓰니 무기토(戊己土) 밑에 올 수 있는 것은 생(生)·왕(旺)·묘(墓)·병(病)·태(胎)·대(帶)만이 올 수 있으며, 임(壬)·계(癸) 수는 경금(庚金), 신금(辛金)이 편인(偏印)이므로 경신금(庚辛金) 밑에 올 수 있는 것은 록(祿)·사(死)·양(養)·절(絶)·욕(浴)·쇠(衰)만이 올 수 있다.

6-2.
원국(原局)에서의 12운성(運星) 분석 방법

1) 4개의 천간(天干)과 4개의 지지(地支)와의 12운성(運星)

시간(時干)   일간(日干)   월간(月干)   년간(年干)

시지(時支)   일지(日支)   월지(月支)   년지(年支)

위에서 보듯이 년간(年干)은 모든 지지(地支)와 관련이 있으며, 년간(年干)의 속성을 직접적으로 규정하는 것은 년지(年支)이다. 다음으로 일지(日支)와의 관계는 년간(年干)과 나와의 관계를 규정하는 것이고, 월지(月支)는 년간(年干)의 사회성, 시지(時支)는 말년의 관계성을 보게 된다.

이 경우 가장 중요한 것은 년간(年干)을 기준으로 각 지지(地支)와의 12운성(運星)을 보는 것이지 만세력(萬歲曆)에 나와 있는 것처럼 일간(日干)을 기준으로 보는 12운성(運星)이 아니다.

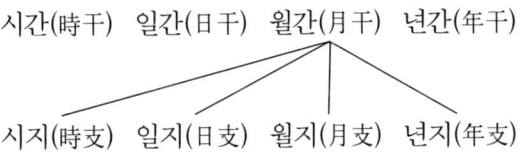

　다음으로 월간(月干)도 모든 지지(地支)와 관련이 있으며, 월간(月干)의 속성을 직접적으로 규정하는 것은 월지(月支)이다. 다음으로 일지(日支)와의 관계는 월간(月干)과 나와의 관계를 규정하는 것이고, 년지(年支)는 월간(月干)의 초년, 시지(時支)는 월간(月干)의 말년의 관계성을 보게 된다.

　이 경우도 가장 중요한 것은 월간(月干)을 기준으로 각 지지(地支)와의 12운성(運星)을 보는 것이지 만세력(萬歲曆)에 나와 있는 것처럼 일간(日干)을 기준으로 보는 12운성(運星)이 아니다.

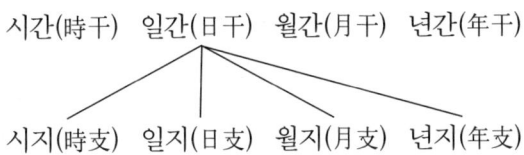

　다음으로 일간(日干)도 모든 지지(地支)와 관련이 있으며, 일간(日干)의 속성을 직접적으로 규정하는 것은 일지(日支)이다. 다음으로 월지(月支)와의 관계는 나의 사회성을 규정하는 것이고, 년지(年支)는 일간(日干)의 초년, 시지(時支)는 일간(日干)의 말년의 관계성을 보게 된다.

이 경우도 가장 중요한 것은 일간(日干)을 기준으로 각 지지(地支)와의 12운성(運星)을 보는 것이다.

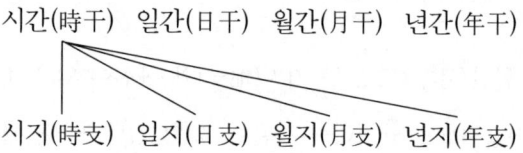

다음으로 시간도 모든 지지(地支)와 관련이 있으며, 시간의 속성을 직접적으로 규정하는 것은 시지(時支)이다. 다음으로 일지(日支)와의 관계는 시간과 나와의 관계를 규정하는 것이고, 월지(月支)는 시간의 사회성, 년지(年支)는 시간의 초년의 관계성을 보게 된다.

이 경우도 가장 중요한 것은 시간을 기준으로 각 지지(地支)와의 12운성(運星)을 보는 것이지 만세력(萬歲曆)에 나와 있는 것처럼 일간(日干)을 기준으로 보는 12운성(運星)이 아니다.

위에서 본 바와 같이 천간(天干)과 지지(地支) 사이의 12운성(運星)은 모두 16개가 존재하나, 천간(天干)이 같은 글자가 있으면 줄어들 수도 있다. 그러나 이것은 크게 의미 있는 것은 아니다.

2) 실제 사주(四柱)에서의 천간(天干)과 지지(地支)의 12운성(運星)

다음과 같은 4개의 천간(天干)이 모두 다른 가상의 사주(四柱)를 세워 보자.

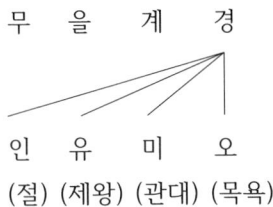

정관(正官)인 경금(庚金)은 목욕(沐浴)에 앉아 있으며, 월지(月支)와의 관계는 관대(冠帶)이며, 일지(日支)와의 관계는 제왕(帝旺)이며, 시지(時支)와의 관계는 절(絶)이다. 이것의 해석은 나의 정관(正官, 직장 또는 남편)은 즐거움을 주며, 사회적으로는 폼이 나는 정관(正官)이며, 나는 그러한 정관(正官)의 활동을 활발하게 하는 사람이며, 말년에는 정신적인 정관(正官)을 만나게 됨을 의미한다.

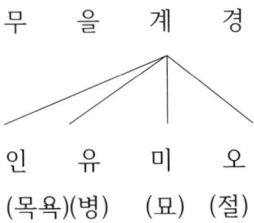

편인(偏印)인 계수(癸水)는 묘(墓)에 앉아 있으며, 년지(年支)와의 관계는 절(絶)이며, 일지(日支)와의 관계는 병(病)이며, 시지(時支)와의 관계는 목욕(沐浴)이다. 이것의 해석은 나의 편인(偏印, 전문성 또는 모친)은 정신적으로 폼이 나며, 초년에는 끊어지거나 정신적으로 만나게 되며, 나

와의 관계는 병(病)이니 전문성을 자주 만들어 내는 사람이며, 말년에는 그 전문성으로 즐거움을 얻게 된다.

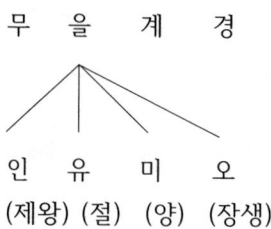

일간(日干)인 을목(乙木)은 절지(絶地)에 앉아 있으며, 년지(年支)와의 관계는 장생(長生)이며, 월지(月支)와의 관계는 양(養)이며, 시지(時支)와의 관계는 제왕(帝旺)이다. 이것의 해석은 나는 정신적인 만남이 주가 되며, 초년에는 장생(長生)이라 뭔가를 만들어 내며, 사회적으로는 배우거나 가르치는 성향이며, 말년에는 제왕(帝旺)이라 왕성하게 활동함을 의미한다.

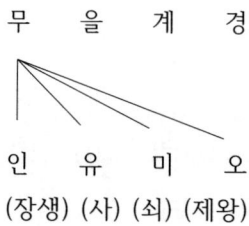

정재(正財)인 무토(戊土)는 장생(長生)에 앉아 있으며, 년지(年支)와의 관계는 제왕(帝旺)이며, 월지(月支)와의 관계는 쇠(衰)이며, 일지(日支)와의 관계는 사(死)이다. 이것의 해석은 나의 정재(正財)는 장생(長生)에 앉

아 있으니 자주 생겨나며, 초년에는 정재적(正財的) 성향(꼼꼼함)이 왕성하며, 사회적으로는 정신적으로 배우거나 가르치는 성향이며, 나와의 관계는 정신적인 즐거움을 준다고 볼 수 있다.

3) 실제 사주(四柱)의 12운성(運星)에 따른 해석

사주(四柱)를 해석할 때에는 지금처럼 16개의 12운성(運星)을 전부 해석하는 것이 아니라 각 천간(天干)이 앉아 있는 12운성(運星)을 먼저 보고서 그 천간(天干)의 속성을 파악한 후에 제일 중요한 나와의 관계를 파악함으로써 마무리를 할 수 있다.

무 을 계 경

인 유 미 오

- 일주(日柱)와 년주(年柱)의 관계 해석

위의 사주(四柱)에서 우선적으로 일주(日柱)와 년주(年柱)의 관계를 보자.

이 사주(四柱)는 을유일주(乙酉日柱)이므로 절(絶)에 앉아 있으니 반드시 어떤 정신적인 사상이나 종교를 접하게 된다.

천간(天干)의 경금(庚金) 정관(正官)이 목욕(沐浴)에 앉아 있으므로 나의 직장 또는 남편의 속성은 즐거움이다.

일간(日干) 을목(乙木)이 년지(年支) 오(午)를 보니 생(生)이라 나에게는 정관(正官)이 자주 생기게 된다.

경금(庚金) 정관(正官)이 일지(日支) 유(酉)를 보니 제왕(帝旺)이라 나는 정관(正官)적인 활동이 활발하거나 직장에서 활발하게 활동을 하는 사람이라는 뜻이다.

여기까지가 사실은 해석의 주가 되고 부차적으로 다음을 판단할 수 있다.

정관(正官)이 월지(月支)에 관대(冠帶)를 보니 사회적으로 폼이 나는 직장일 수 있고 아니면 제복을 입는 직장일 수 있으며, 시지(時支)에서 절(絶)을 보게 되니 말년의 정관(正官)은 정신적인 감투를 의미하게 된다.

- 일주(日柱)와 월주(月柱)의 관계 해석

다음으로 일주(日柱)와 월주(月柱)와의 관계를 보자.

편인(偏印) 계수(癸水)는 묘(墓)에 앉아 있으므로 나의 전문성이나 모친은 정신적으로 폼이 나는 것이다.

일간(日干) 을목(乙木)이 월지(月支) 미(未)를 보니 양(養)이라 나의 전문성을 잘 배우고 가르치며, 모친은 교육적일 수 있다.

편인(偏印) 계수(癸水)가 일지(日支) 유(酉)를 보니 병(病)이라 나의 전문성은 종교적이거나 사상적인 것일 수 있으며 한 번쯤은 맞닥뜨리게 된다. 부가적으로 다음을 판단할 수 있다.

편인(偏印) 계수(癸水)가 년지(年支)에서 오(午)를 만나니 절(絶)이라 초년에 나의 전문성을 만날 수 있으며, 시지(時支)에서 목욕(沐浴)을 보게 되니 말년에 나의 전문성으로 즐거움이 된다.

- **일주(日柱)와 시주(時柱)의 관계 해석**

마지막으로 일주(日柱)와 시주(時柱)와의 관계를 보자.

무 을 계 경

인 유 미 오

정재(正財) 무토(戊土)는 장생(長生)에 앉아 있으므로 나의 정재(正財)는 자주 생겨나게 되는 속성을 지니게 된다.

일간(日干) 을목(乙木)이 시지(時支) 인(寅)을 보니 제왕(帝旺)이라 나는 정재(正財)의 활동을 활발하게 한다.

정재(正財) 무토(戊土)가 일지(日支) 유(酉)를 보니 사(死)라 나의 정재(正財)는 정신적 즐거움을 주게 된다. 이어서 부가적으로 다음을 판단할 수 있다.

정재(正財) 무토(戊土)가 년지(年支)에서 오(午)를 만나니 제왕(帝旺)이라 초년에 나의 정재적(正財的) 성향이 왕성하며, 월지(月支)에서 쇠(衰)를 보게 되니 사회에서의 나의 정재적(正財的) 속성은 정신적인 배움과 가르침으로 나타난다.

4) 인종법(引從法)-천간(天干)에 없는 십성(十星)의 해석

무 을 계 경

인 유 미 오

위의 사주(四柱)에서 보면 일간(日干) 을목(乙木)이 천간(天干)에서 정관(正官), 편인(偏印), 정재(正財)를 보고 있다. 그러면 나머지 십성(十星)은 천간(天干)에서 보이지 않고 있다. 이 사주(四柱)에서는 정관(正官)과 편인(偏印) 그리고 정재(正財)가 주된 테마인 삶을 산다는 뜻이 된다. 그렇다고 여기에 보이지 않는 나머지 7개의 십성(十星)과 관련 없는 삶을 살아가는 것은 아니다. 이때에 나머지 십성(十星)을 유추하는 것이 인종법(引從法)으로서 필요한 천간(天干)을 가져와서 지지(地支)에 대입하여 판단을 하는 것이다.

이 경우에도 없는 천간(天干)을 나와의 관계인 일지(日支)와 대입을 하는 것이 첫 번째이고 다음으로 사회성을 보는 월지(月支)와 대입을 해 봄으로써 그 천간(天干)의 속성을 대충 짐작할 수 있다. 그러면 이 사주(四柱)를 예로 들어 천간(天干)에서 보이지 않는 비견(比肩), 겁재(劫財), 식신(食神), 상관(傷官), 편재(偏財), 편관(偏官), 정인(正印)의 상태를 파악해 보자.

(1) 비견(比肩)의 유추

무 을 계 경 (을)

인 유 미 오

　천간(天干)에 비견(比肩)이 없을 때에는 이 비견(比肩)은 나의 삶에서 그리 중요한 테마가 아니라는 말이다. 그렇지만 비견(比肩)이라는 것이 나에게 어떠한 상태인지는 유추해 볼 수 있는데 이때에 천간(天干)에 없는 비견(比肩)을 가져와서 나의 지지(地支)와 어떻게 규정되는지를 판단해 보면 된다.

　우선적으로 천간(天干)에 없는 비견(比肩)이 지지(地支)에 있는지를 살펴보아야 한다. 만일에 지지(地支)에 비견(比肩)이 있다고 한다면 천간(天干)의 비견(比肩)은 지지(地支)에서 건록(建祿)을 보게 되니 언젠가는 반드시 비견(比肩)을 만나게 되어 있다. 그래서 지지(地支)에라도 비견(比肩)이 보이지 않으면 나의 삶에서 비견(比肩)을 만나는 경우가 드물 것이다.

　위의 사주(四柱)에서는 비견(比肩)이 년지(年支) 오(午)를 보니 장생(長生)을 만나게 되고, 월지(月支) 미(未)를 보니 양(養)을 만나게 되고, 일지(日支) 유(酉)를 보니 절(絶)을 만나게 되고, 시지(時支) 인(寅)을 만나게 되니 제왕(帝旺)을 만나게 된다. 이것은 일간(日干)인 내가 지지(地支)에서 만나는 것과 같은 것으로 비견(比肩)이라고 하는 것은 거의 나와 동일한 것 또는 사람으로 보면 된다.

　나는 비견(比肩) 즉 나의 주체성이나 내가 만나는 사람을 장생(長生)으로 만들어 내고 있으며, 그러한 것을 잘 공부하고 가르치는 성향이며, 그러한 것을 정신적으로 만나게 되며, 말년에는 왕성하게 그러한 활동을 하는 것이다. 그러나 이 사주(四柱)에서는 비견(比肩)이라는 것이 천간(天干)에도 지지(地支)에도 보이지 않으니 나의 삶에서 중요성은 많이 떨어지게 된다.

(2) 겁재(劫財)의 유추

　이 사주(四柱)는 천간(天干)에 겁재(劫財)를 가지고 있지 않기에 인종법(引從法)으로 갑목(甲木)을 가지고 와서 유추를 하게 된다. 겁재(劫財)는 나의 경쟁성 또는 내가 만나는 경쟁자들을 의미하게 된다. 그러나 천간(天干)에 보이지 않으므로 나의 삶에서 겁재(劫財)는 그리 중요한 의미가 별로 없다고 보아야 한다. 우선 눈에 띄는 것이 시지(時支)에 인목(寅木) 겁재(劫財)가 있으므로 건록(建祿)이 되니 그래도 살아가다가 반드시 한두 번쯤은 그러한 경쟁성이나 경쟁자를 만나게 된다. 이것이 천간(天

干)에 없으나 지지(地支)에 건록(建祿)을 두는 사주(四柱)의 특징이 된다.

겁재(劫財) 갑목(甲木)은 년지(年支)에서 사(死)를 보니 정신적인 즐거움, 월지(月支)에서 미(未)를 보니 정신적인 과시, 일지(日支)에서 유(酉)를 보니 태(胎)라 정신적인 왕성함을 보이는 겁재(劫財)의 속성이다. 이로써 이 사주(四柱)의 겁재(劫財)의 속성은 정신적인 경쟁성이나 그러한 경쟁자들이라고 판단할 수 있다.

(3) 식신(食神)의 유추

이 사주(四柱)는 천간(天干)에 식신(食神) 상관(傷官)을 가지고 있지 않다. 먼저 식신(食神)은 정화(丁火)이므로 인종법(引從法)으로 정화(丁火)를 천간(天干)으로 가져온다. 그러면 년지(年支)에서 건록(建祿)을 만나니 이 사주(四柱)는 식신(食神)을 한두 번쯤은 반드시 만나게 된다. 나의 전문적인 능력인 식신(食神)을 만나게 되며, 월지(月支)에서는 관대(冠帶)라서 그 전문적인 능력은 사회적으로 폼이 나는 능력이며, 일지(日支)에서 보는 장생(長生)으로 나는 그 능력을 만들어 내는 능력을 가지고 있으며, 말년에는 사(死)에 앉아 있으니 그 능력으로 정신적인 즐거움을 누린다고 유추할 수 있다.

(4) 상관(傷官)의 유추

무 을 계 경 (병)

인 유 미 오

　상관(傷官)도 천간(天干)에 없으니 인종법(引從法)으로 병화(丙火)를 가져오면 된다. 식신(食神)과 상관(傷官)은 서로 겁재(劫財)의 관계이므로 식신(食神)이 건록(建祿)을 만나면 상관(傷官)은 제왕(帝旺)이 되고, 식신(食神)이 관대(冠帶)를 만나니 상관(傷官)은 쇠(衰)를 만나고, 식신(食神)이 장생(長生)을 만나니 상관(傷官)은 사(死)를 만나며, 식신(食神)이 사(死)를 만나니 상관(傷官)은 장생(長生)을 만나게 된다.

　이 사주(四柱)의 상관(傷官)은 년지(年支)에서 제왕(帝旺)을 보니 초년에는 상관(傷官)이 활발하며, 월지(月支)에서 쇠(衰)를 만나니 나의 상관(傷官)을 잘 다루며, 일지(日支)에서 사(死)를 만나니 정신적인 즐거움을 주며, 말년에는 상관(傷官)적인 능력이 자주 생기게 된다.

　여기에서 보듯이 일간(日干)이 지지(地支)에서 식신(食神) 오(午)를 보게 되면 식신(食神)을 반드시 만나게 되지만 활발하게 활동하는 것은 상관(傷官)적인 능력이 된다.

(5) 편재(偏財)의 유추

편재(偏財)는 천간(天干)에 없으니 인종법(引從法)으로 기토(己土)를 가져오면 된다. 이 사주(四柱)의 편재(偏財)는 년지(年支)에서 건록(建祿)을 보니 초년에 편재(偏財)를 만나게 되며, 월지(月支)에서 관대(冠帶)를 만나니 나의 편재(偏財)는 폼이 나며, 일지(日支)에서 장생(長生)을 만나니 나는 편재(偏財)를 만들어 내는 능력이 있으며, 말년에는 사(死)에 앉아 있으니 편재(偏財)에 대하여 정신적인 즐거움을 맛보게 된다.

(6) 정재(正財)의 유추

정재(正財)는 이 사주(四柱)에서 천간(天干)에 가지고 있다. 이것의 의미는 나의 삶에 있어서 다른 십성(十星)보다는 정재(正財)가 많은 영향을 미치면서 나의 인생에 있어 중요한 테마가 된다든지 전환점이 된다는 것을 의미한다. 이것의 의미는 위에서 언급한 대로 아래와 같다.

정재(正財)인 무토(戊土)는 장생(長生)에 앉아 있으며, 년지(年支)와의 관계는 제왕(帝旺)이며, 월지(月支)와의 관계는 쇠(衰)이며, 일지(日支)와의 관계는 사(死)이다. 이것의 해석은 나의 정재(正財)는 장생(長生)에 앉아 있으니 자주 생겨나며, 초년에는 정재적(正財的) 성향(꼼꼼함)이 왕성하며, 사회적으로는 정신적으로 배우거나 가르치는 성향이며, 나와의 관계는 정신적인 즐거움을 준다고 볼 수 있다.

(7) 편관(偏官)의 유추

편관(偏官)도 천간(天干)에 없으니 인종법(引從法)으로 신금(辛金)을 가져오면 된다. 이 사주(四柱)의 편관(偏官)은 년지(年支)에서 병(病)을 보니 초년에는 편관(偏官)이 정신적으로 생겨나며, 월지(月支)에서 쇠(衰)를 만나니 나의 편관(偏官)을 잘 다루며, 일지(日支)에서 건록(建祿)을 만나니 나는 언젠가는 편관(偏官)을 만나게 되며, 말년에는 태(胎)를 만나니 정신적으로 왕성함을 보이게 된다.

(8) 정관(正官)의 유추

정관(正官)은 이 사주(四柱)에서 년간(年干)에 가지고 있다. 이것의 의미는 나의 삶에 있어서 다른 십성(十星)보다는 정관(正官)이 많은 영향을 미치면서 나의 인생에 있어 중요한 테마가 된다든지 전환점이 된다는 것을 의미한다. 이것의 의미는 위에서 언급한 대로 아래와 같다.

정관(正官)인 경금(庚金)은 목욕(沐浴)에 앉아 있으며, 월지(月支)와의 관계는 관대(冠帶)이며, 일지(日支)와의 관계는 제왕(帝旺)이며, 시지(時支)와의 관계는 절(絕)이다. 이것의 해석은 나의 정관(正官, 직장 또는 남편)은 즐거움을 주며, 사회적으로는 폼이 나는 정관(正官)이며, 나는 그러한 정관(正官)의 활동을 활발하게 하는 사람이며, 말년에는 정신적인 정관(正官)을 만나게 됨을 의미한다.

(9) 편인(偏印)의 유추

6. 12운성(運星)과 사주(四柱)의 해석 **189**

편인(偏印)은 이 사주(四柱)에서 월간(月干)에 가지고 있다. 이것의 의미는 나의 삶에 있어서 다른 십성(十星)보다는 편인(偏印)이 많은 영향을 미치면서 나의 인생에 있어 중요한 테마가 된다든지 전환점이 된다는 것을 의미한다. 이것의 의미는 위에서 언급한 대로 아래와 같다.

편인(偏印)인 계수(癸水)는 묘(墓)에 앉아 있으며, 년지(年支)와의 관계는 절(絶)이며, 일지(日支)와의 관계는 장생(長生)이며, 시지(時支)와의 관계는 목욕(沐浴)이다. 이것의 해석은 나의 편인(偏印, 전문성 또는 모친)은 정신적으로 폼이 나며, 초년에는 끊어지거나 정신적으로 만나게 되며, 나와의 관계는 장생(長生)이니 전문성을 자주 만들어 내는 사람이며, 말년에는 그 전문성으로 즐거움을 얻게 된다.

(10) 정인(正印)의 유추

무 을 계 경 (임)

인 유 미 오

정인(正印)도 이 사주(四柱)에서는 천간(天干)에 없으니 인종법(引從法)으로 임수(壬水)를 가져오면 된다. 이 사주(四柱)의 정인(正印)은 년지(年支)에서 태(胎)를 보니 초년에는 정인(正印)이 정신적으로 활발하며, 월지(月支)에서 양(養)을 만나니 나의 정인(正印)을 잘 배우며, 일지(日支)에서 목욕(沐浴)을 만나니 나의 정인(正印)이 즐거움을 주며, 말년에는 병(病)이라 정신적으로 나의 정인(正印)을 만들어 내게 된다.

6-3.
대운(大運)과 세운(歲運)에서의
12운성(運星) 적용법

　대운(大運)은 10년간의 운세(運勢)를, 세운(歲運)은 당해 년도의 운세(運勢)를 의미하는데, 12운성(運星)적 해석은 천간(天干)으로 어떤 글자가 들어오는지는 중요하지 않고, 지지(地支)로 들어오는 글자와 일간(日干)과의 12운성(運星)이 향후 10년간과 당해 년도의 운세(運勢)를 규정짓게 된다.

　내가 지지(地支)에 가지고 있는 4개의 지지(地支)와 같은 지지(地支)가 들어온다면 그 지지(地支)의 영향이 배가 될 것이고, 사주 원국(四柱原局)에 없는 지지(地支)가 들어온다면 그에 따른 12운성(運星)의 일이 생긴다고 보면 된다.

1) 지지(地支)로 양(養)이 들어올 때

　　　　무 을 계 경

　　　　인 유 미 오 (미)

위에서 보듯이 일간(日干)이 보았을 때에 양(養)이 들어오게 되면 양(養)의 속성인 배우거나 가르치는 운세(運勢)가 되며, 이 사주(四柱)는 미(未)를 이미 월지(月支)에서 가지고 있기 때문에 그러한 성향이나 천간(天干)을 규정하는 힘이 강하게 작용을 한다고 본다.

일간(日干) 기준으로 그러한 운세(運勢)이지만 나머지 천간(天干)들도 들어오는 지지(地支)인 미(未)와 대입하여 그 천간(天干)들의 속성을 판단하면 된다. 위의 사주(四柱)에서 본다면 정관(正官)인 경금(庚金)은 관대(冠帶)를 만나게 되어 나의 직장이나 남편이 폼이 나는 해가 될 것이며, 계수(癸水) 편인(偏印)은 묘(墓)를 만나니 정신적인 만족을 얻을 것이며, 정재(正財) 무토(戊土)는 쇠(衰)를 만나니 정신적인 성장이나 가르침을 주게 된다.

나머지 사주 원국(四柱原局)에 없는 천간(天干)들 역시 들어오는 지지(地支) 미(未)와 12운성(運星)을 대입하여 판단을 해야 한다.

2) 지지(地支)로 장생(長生)이 들어올 때

무 을 계 경

인 유 미 오 (오)

위에서 보듯이 일간(日干)이 보았을 때에 장생(長生)이 들어오게 되면 장생(長生)의 속성인 무엇인가를 만들어 내는 운세(運勢)가 되며, 이 사주(四柱)는 오(午)를 이미 년지(年支)에서 가지고 있기 때문에 그러한 성향이나 천간(天干)을 규정하는 힘이 강하게 작용을 한다고 본다.

일간(日干) 기준으로 그러한 운세(運勢)이지만 나머지 천간(天干)들도 들어오는 지지(地支)인 오(午)와 대입하여 그 천간(天干)들의 속성을 판단하면 된다. 위의 사주(四柱)에서 본다면 정관(正官)인 경금(庚金)은 목욕(沐浴)을 만나게 되어 나의 직장이나 남편이 즐거움을 주며, 계수(癸水) 편인(偏印)은 절(絶)을 만나니 정신적인 만남을 얻을 것이며, 정재(正財) 무토(戊土)는 제왕(帝旺)을 만나니 왕성한 활동을 예상할 수 있다.

나머지 사주 원국(四柱原局)에 없는 천간(天干)들 역시 들어오는 지지(地支) 오(午)와 12운성(運星)을 대입하여 판단을 해야 한다.

3) 지지(地支)로 목욕(沐浴)이 들어올 때

위에서 보듯이 일간(日干)이 보았을 때에 목욕(沐浴)이 들어오게 되면 목욕(沐浴)의 속성인 즐거운 운세(運勢)가 되며, 이 사주(四柱)는 원국(原局)에서 지지(地支)에 목욕(沐浴)이 없으므로 새로운 환경으로 접어들 수 있다.

일간(日干) 기준으로 그러한 운세(運勢)이지만 나머지 천간(天干)들도 들어오는 지지(地支)인 사(巳)와 대입하여 그 천간(天干)들의 속성을 판단하면 된다. 위의 사주(四柱)에서 본다면 정관(正官)인 경금(庚金)은 장생(長生)을 만나게 되어 나의 직장이나 남편이 생겨나는 해가 될 것이며, 계수(癸水) 편인(偏印)은 사(巳)를 만나니 정신적으로 왕성하게 활동할 것이며, 정재(正財) 무토(戊土)는 건록(建祿)을 만나니 재물(財物)을 반드시 만나게 된다.

나머지 사주 원국(四柱原局)에 없는 천간(天干)들 역시 들어오는 지지(地支) 사(巳)와 12운성(運星)을 대입하여 판단을 해야 한다.

4) 지지(地支)로 관대(冠帶)가 들어올 때

무 을 계 경

인 유 미 오 (진)

위에서 보듯이 일간(日干)이 보았을 때에 관대(冠帶)가 들어오게 되면 관대(冠帶)의 속성인 폼이 나는 운세(運勢)가 되며, 이 사주(四柱)는 원국(原局)에서 진(辰)을 가지고 있지 않기 때문에 새로운 환경으로 접어들게 된다.

일간(日干) 기준으로 그러한 운세(運勢)이지만 나머지 천간(天干)들도

들어오는 지지(地支)인 진(辰)과 대입하여 그 천간(天干)들의 속성을 판단하면 된다. 위의 사주(四柱)에서 본다면 정관(正官)인 경금(庚金)은 양(養)을 만나게 되어 나의 직장이나 남편이 조직을 잘 이끌거나 적응할 것이며, 계수(癸水) 편인(偏印)도 양(養)을 만나니 나의 전문적인 능력을 키워 나갈 것이며, 정재(正財) 무토(戊土)는 관대(冠帶)를 만나니 나의 정재(正財)가 폼이 나게 된다.

나머지 사주 원국(四柱原局)에 없는 천간(天干)들 역시 들어오는 지지(地支) 진(辰)과 12운성(運星)을 대입하여 판단을 해야 한다.

5) 지지(地支)로 건록(建祿)이 들어올 때

위에서 보듯이 일간(日干)이 보았을 때에 건록(建祿)이 들어오게 되면 건록(建祿)의 속성인 만남의 운세(運勢)가 되며, 이 사주(四柱)는 원국(原局)에서 묘(卯)를 가지고 있지 않기 때문에 새로운 환경으로 접어들게 되며, 여기에서의 만남은 그것이 무엇이라고 단정하기 어려우며 더더욱 좋고 나쁨을 판단하기도 어렵다.

일간(日干) 기준으로 그러한 운세(運勢)이지만 나머지 천간(天干)들도

들어오는 지지(地支)인 묘(卯)와 대입하여 그 천간(天干)들의 속성을 판단하면 된다. 위의 사주(四柱)에서 본다면 정관(正官)인 경금(庚金)은 태(胎)를 만나게 되어 나의 직장에서 왕성한 정신적인 활동을 하게 될 것이며, 계수(癸水) 편인(偏印)은 장생(長生)을 만나니 나의 전문성을 만들어낼 것이며, 정재(正財) 무토(戊土)는 목욕(沐浴)을 만나니 즐거운 환경이 된다.

나머지 사주 원국(四柱原局)에 없는 천간(天干)들 역시 들어오는 지지(地支) 묘(卯)와 12운성(運星)을 대입하여 판단을 해야 한다.

6) 지지(地支)로 제왕(帝旺)이 들어올 때

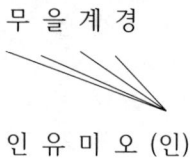

무 을 계 경

인 유 미 오 (인)

위에서 보듯이 일간(日干)이 보았을 때에 제왕(帝旺)이 들어오게 되면 제왕(帝旺)의 속성인 활발한 활동을 하는 운세(運勢)가 되며, 이 사주(四柱)는 인(寅)을 이미 시지(時支)에서 가지고 있기 때문에 그러한 성향이나 천간(天干)을 규정하는 힘이 강하게 작용을 한다고 본다.

일간(日干) 기준으로 그러한 운세(運勢)이지만 나머지 천간(天干)들도 들어오는 지지(地支)인 인(寅)과 대입하여 그 천간(天干)들의 속성을 판단하면 된다. 위의 사주(四柱)에서 본다면 정관(正官)인 경금(庚金)은 절(絶)을 만나게 되어 나의 관성(官星)이 정신적인 만남을 가지는 해가 될 것이며, 계수(癸水) 편인(偏印)은 목욕(沐浴)을 만나니 즐거움이 배가 될 것이며, 정재(正財) 무토(戊土)는 장생(長生)을 만나니 정재(正財)를 만들어 내는 한 해가 될 수 있다.

나머지 사주 원국(四柱原局)에 없는 천간(天干)들 역시 들어오는 지지(地支) 인(寅)과 12운성(運星)을 대입하여 판단을 해야 한다.

7) 지지(地支)로 쇠(衰)가 들어올 때

쇠(衰)에서부터 태(胎)까지는 위의 양(養)에서부터 제왕(帝旺)까지와 거의 같다고 보면 된다. 단지 그것의 키워드를 현실에서 이상으로, 육체에서 정신으로 바꾸기만 하면 된다. 위에서 보듯이 일간(日干)이 보았을 때에 쇠(衰)가 들어오게 되면 쇠(衰)의 속성인 정신적으로 배우거나 가르치는 운세(運勢)가 되며, 이 사주(四柱)는 축(丑)을 원국(原局)에서 가지고 있지 않기 때문에 쇠(衰)가 들어옴으로써 새로운 환경에 접어들 수 있다.

일간(日干) 기준으로 그러한 운세(運勢)이지만 나머지 천간(天干)들도 들어오는 지지(地支)인 축(丑)과 대입하여 그 천간(天干)들의 속성을 판단하면 된다. 위의 사주(四柱)에서 본다면 정관(正官)인 경금(庚金)은 묘(墓)를 만나게 되어 나의 직장이나 남편이 정신적으로 폼이 나는 해가 될 것이며, 계수(癸水) 편인(偏印)은 관대(冠帶)를 만나니 편인(偏印)이 폼이 날 것이며, 정재(正財) 무토(戊土)는 양(養)을 만나니 정재(正財)를 배우거나 가르치는 시기가 된다.

나머지 사주 원국(四柱原局)에 없는 천간(天干)들 역시 들어오는 지지(地支) 축(丑)과 12운성(運星)을 대입하여 판단을 해야 한다.

8) 지지(地支)로 병(病)이 들어올 때

무 을 계 경

인 유 미 오 (자)

위에서 보듯이 일간(日干)이 보았을 때에 병(病)이 들어오게 되면 병(病)의 속성인 정신적으로 무엇인가를 만들어 내는 운세(運勢)가 되며, 이 사주(四柱)는 원국(原局)에서 자(子)를 가지고 있지 않기 때문에 자(子)가 들어옴으로써 새로운 환경으로 접어들 수 있다.

일간(日干) 기준으로 그러한 운세(運勢)이지만 나머지 천간(天干)들도

들어오는 지지(地支)인 자(子)와 대입하여 그 천간(天干)들의 속성을 판단하면 된다. 위의 사주(四柱)에서 본다면 정관(正官)인 경금(庚金)은 사(死)를 만나게 되어 나의 직장이나 남편이 정신적인 즐거움을 주며, 계수(癸水) 편인(偏印)은 제왕(帝旺)을 만나니 편인(偏印)을 만날 것이며, 정재(正財) 무토(戊土)는 태(胎)를 만나니 왕성한 정신적인 활동을 예상할 수 있다.

나머지 사주 원국(四柱原局)에 없는 천간(天干)들 역시 들어오는 지지(地支) 자(子)와 12운성(運星)을 대입하여 판단을 해야 한다.

9) 지지(地支)로 사(死)가 들어올 때

무 을 계 경

인 유 미 오 (해)

위에서 보듯이 일간(日干)이 보았을 때에 사(死)가 들어오게 되면 사(死)의 속성인 정신적으로 즐거운 운세(運勢)가 되며, 이 사주(四柱)는 원국(原局)에서 지지(地支)에 해(亥)가 없으므로 새로운 환경으로 접어들 수 있다.

일간(日干) 기준으로 그러한 운세(運勢)이지만 나머지 천간(天干)들도 들어오는 지지(地支)인 해(亥)와 대입하여 그 천간(天干)들의 속성을 판단하면 된다. 위의 사주(四柱)에서 본다면 정관(正官)인 경금(庚金)은 병(病)을 만나게 되어 나의 직장이나 남편이 정신적으로 뭔가를 만들어 내는 해가 될 것이며, 계수(癸水) 편인(偏印)은 건록(建祿)을 만나니 왕성하게 활동할 것이며, 정재(正財) 무토(戊土)는 절(絶)을 만나니 재물(財物)과의 정신적으로 만나게 된다.

나머지 사주 원국(四柱原局)에 없는 천간(天干)들 역시 들어오는 지지(地支) 해(亥)와 12운성(運星)을 대입하여 판단을 해야 한다.

10) 지지(地支)로 묘(墓)가 들어올 때

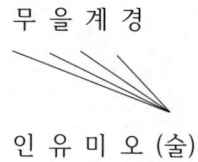

위에서 보듯이 일간(日干)이 보았을 때에 묘(墓)가 들어오게 되면 묘(墓)의 속성인 정신적으로 폼이 나는 운세(運勢)가 되며, 이 사주(四柱)는 원국(原局)에서 술(戌)을 가지고 있지 않기 때문에 새로운 환경으로 접어들게 된다.

일간(日干) 기준으로 그러한 운세(運勢)이지만 나머지 천간(天干)들도 들어오는 지지(地支)인 술(戌)과 대입하여 그 천간(天干)들의 속성을 판단하면 된다. 위의 사주(四柱)에서 본다면 정관(正官)인 경금(庚金)은 쇠

(衰)를 만나게 되어 나의 직장에서 정신적으로 조직을 잘 이끌거나 적응할 것이며, 계수(癸水) 편인(偏印)도 쇠(衰)를 만나니 나의 전문적인 능력을 정신적으로 키워 나갈 것이며, 정재(正財) 무토(戊土)는 묘(墓)를 만나니 나의 정재(正財)가 정신적으로 폼이 나게 된다.

나머지 사주 원국(四柱原局)에 없는 천간(天干)들 역시 들어오는 지지(地支) 술(戌)과 12운성(運星)을 대입하여 판단을 해야 한다.

11) 지지(地支)로 절(絶)이 들어올 때

위에서 보듯이 일간(日干)이 보았을 때에 절(絶)이 들어오게 되면 절(絶)의 속성인 정신적인 만남의 운세(運勢)가 되며, 이 사주(四柱)는 원국(原局)에서 유(酉)를 가지고 있지 않기 때문에 새로운 환경으로 접어들게 된다.

일간(日干) 기준으로 그러한 운세(運勢)이지만 나머지 천간(天干)들도 들어오는 지지(地支)인 유(酉)와 대입하여 그 천간(天干)들의 속성을 판단하면 된다. 위의 사주(四柱)에서 본다면 정관(正官)인 경금(庚金)은 제왕(帝旺)을 만나게 되어 나의 직장에서 왕성한 활동을 하게 될 것이며, 계수(癸水) 편인(偏印)은 병(病)을 만나니 나의 전문성을 정신적으로 만들어 낼 것이며, 정재(正財) 무토(戊土)는 사(死)를 만나니 정신적으로 즐거운 환경이 된다.

나머지 사주 원국(四柱原局)에 없는 천간(天干)들 역시 들어오는 지지(地支) 유(酉)와 12운성(運星)을 대입하여 판단을 해야 한다.

12) 지지(地支)로 태(胎)가 들어올 때

위에서 보듯이 일간(日干)이 보았을 때에 태(胎)가 들어오게 되면 태(胎)의 속성인 정신적으로 활발한 활동을 하는 운세(運勢)가 되며, 이 사주(四柱)는 신(申)을 사주 원국(四柱原局)에서 가지고 있지 않기 때문에 새로운 환경으로 접어들게 된다.

일간(日干) 기준으로 그러한 운세(運勢)이지만 나머지 천간(天干)들도 들어오는 지지(地支)인 신(申)과 대입하여 그 천간(天干)들의 속성을 판단하면 된다. 위의 사주(四柱)에서 본다면 정관(正官)인 경금(庚金)은 건록(建祿)을 만나게 되어 나는 관성(官星)을 만나게 되며, 계수(癸水) 편인(偏印)은 사(死)를 만나니 정신적인 즐거움의 한 해가 될 것이며, 정재(正

財) 무토(戊토)는 병(病)을 만나니 정재(正財)를 정신적으로 만들어 내는 한 해가 될 수 있다.

나머지 사주 원국(四柱原局)에 없는 천간(天干)들 역시 들어오는 지지(地支) 신(申)과 12운성(運星)을 대입하여 판단을 해야 한다.

7.

12운성(運星)에 대한 깔끔한 정리

7-1.
양포태(陽胞胎)와 음포태(陰胞胎)

기본적으로 양포태(陽胞胎)란 양간(陽干)의 포태(胞胎)를 말하는 것이며, 음포태(陰胞胎)란 음간(陰干)의 포태(胞胎)를 말하는 것이다. 양포태(陽胞胎)란 천간(天干) 갑(甲), 병(丙), 무(戊), 경(庚), 임(壬)의 12운성(運星)을 말하는 것이며, 양간(陽干)은 순행(順行)을 하고, 음포태(陰胞胎)란 을(乙), 정(丁), 기(己), 신(辛), 계(癸)의 12운성(運星)을 말하며 음간(陰干)은 역행(逆行)을 한다. 양포태(陽胞胎)를 천간(天干)의 양간(陽干)과 음간(陰干)이 함께 동생동사(同生同死)하는 것을 말하는 것이라고 하는 사람들이 있는데 그렇게 생각한다고 하여도 크게 무리는 없으나 그러면 음포태(陰胞胎)는 무엇을 뜻한다는 말인가?

양간(陽干)과 음간(陰干)이 함께 동생동사(同生同死)한다는 말은 천간(天干)을 오행(五行)의 입장에서 목화토금수(木火土金水)를 음양(陰陽)으로 나누지 않고 지지(地支)에 대입하여 왕상휴수사(旺相休囚死)에 의거하여 함께 움직인다고 하는 관법(觀法)인바 이것을 양포태(陽胞胎)라고 한다는 사람들이 있는데 이는 그냥 양포태(陽胞胎)라고 하지 말고 동생동사설(同生同死說)이라고 하는 것이 타당하다. 그리고 동생동사(同生

同死)를 주장하는 사람들은 음포태(陰胞胎)라는 것을 아예 인정하지 않기 때문에 양포태(陽胞胎)라는 말밖에는 없다.

　양포태(陽胞胎)와 음포태(陰胞胎)라는 말은 그리 중요하지 않다. 그것보다는 양간(陽干)의 포태(胞胎)는 순행(順行)을 하고 음간(陰干)의 포태(胞胎)는 역행(逆行)을 한다는 것이 중요한 포인트가 된다. 음양간(陰陽干)의 흐름이 순행(順行)과 역행(逆行)하는 이유는 자평진전(子平眞詮)에서 간단하게 "양간(陽干)은 모이고 나아감으로써 나아감을 삼는다. 고로 양간(陽干)은 순행(順行)을 한다. 음(陰)은 주로 흩어지고 물러남으로써 물러남을 삼는다. 그러므로 음간(陰干)은 역행(逆行)을 한다."라고 언급을 하고 있다. 이는 대운(大運)이 남녀에 따라서 년간(年干)의 음양(陰陽)에 따라서 순행(順行)과 역행(逆行)을 하는 것과 같은 맥락이다.

　12운성(運星) 포태법(胞胎法)에는 양간(陽干)의 포태(胞胎)와 음간(陰干)의 포태(胞胎)가 있는데 이를 양포태(陽胞胎) 음포태(陰胞胎)라 부르며, 어떤 사람들은 음간(陰干)의 포태(胞胎)를 인정하지 않고, 음간(陰干)이나 양간(陽干)이 모두 양간(陽干)의 12운성(運星)에 따른다고 주장을 하는 사람들이 있다. 대표적으로 적천수(滴天髓)를 쓴 유기(劉基)와 이를 해석한 임철초(任鐵樵) 등이 여기에 속한다. 그 외에는 대부분의 사람들이 음간(陰干)의 포태(胞胎)를 인정하면서 음포태(陰胞胎)는 역행(逆行)을 한다고 믿고 있다.

　이러한 음양순역(陰陽順逆)과 음양순행(陰陽順行)의 이론이 존재하는 것은 12운성(運星)의 각 단계가 정확하게 무엇을 의미하는지를 모르니 자연적으로 생겨나는 것이다. 각 단계의 의미를 우리가 앞에서 살펴본 바와 같은 내용을 충분히 알고 있었다면 갑목(甲木)과 을목(乙木)의 12운성(運星)을 대입하여 보면 확연히 차이가 남을 이해할 수 있을 것이다.

예를 들어 갑목(甲木)과 을목(乙木)이 지지(地支)에서 인(寅)을 만날 경우에 음양순역(陰陽順逆)의 경우 갑목(甲木)은 건록(建祿)을 만나고 을목(乙木)은 제왕(帝旺)을 만난다고 하는데, 음양순행(陰陽順行)의 경우는 갑목(甲木)도 을목(乙木)도 모두 건록(建祿)을 만난다고 판단을 한다. 갑을목(甲乙木)이 지지(地支)에서 묘(卯)를 만날 경우에 음양순역(陰陽順逆)의 경우는 갑목(甲木)은 제왕(帝旺)을 만나고 을목(乙木)은 건록(建祿)을 만난다고 하는데 음양순행(陰陽順行)의 경우는 갑목(甲木)도 을목(乙木)도 모두 제왕(帝旺)을 만난다고 보는 것이다.

이러한 오류가 생기는 것은 각 단계의 진정한 의미를 모르기 때문에 직접적으로 갑목일간(甲木日干)의 사람과 을목일간(乙木日干)의 사람을 찾아서 대입을 해 보아 판단하지 아니하고 머릿속으로만 이론을 생각했기 때문이다.

먼저 갑목(甲木)과 을목(乙木)의 12운성(運星)을 보자. 갑목(甲木)과 을목(乙木)은 둘 다 자기 계절인 봄에 왕성하지만 반대 계절인 가을에 둘 다 왕성하지 않은 상태가 된다. 그러나 갑목(甲木)은 양간(陽干)이라 나아감을 삼으니 다음 계절인 여름에 제왕(帝旺)에서 내려가 쇠(衰), 병(病)의 상태로 가다가 반대 계절인 가을에서 절(絶), 태(胎)를 지나고 이전의 계절인 겨울에 힘을 비축하는 단계를 거치게 된다.

　을목(乙木)은 음간(陰干)이라 물러남이라 하였으니 이전 계절인 겨울에 쇠(衰)하게 되고, 반대 계절인 가을에 절(絶), 태(胎)를 지나며, 다음 계절인 여름에 힘을 비축하는 단계로 이는 양간(陽干)과 정반대의 운동을 하는 것이다.

　갑목(甲木)은 왕성한 자기 계절에서 나아감에 따라 쇠(衰)하나, 을목(乙木)은 왕성한 자기 계절에서 나아감에 따라 힘을 비축하게 되고 오히려 이전의 계절로 가야만 쇠(衰)하게 된다. 이것이 음양순역(陰陽順逆)인데 깊은 학술적(學術的) 고찰(考察)은 후학(後學)에게 미루도록 하자.

7-2.
양생음사(陽生陰死) 음생양사(陰生陽死)

양생음사(陽生陰死)는 양간(陽干)이 생(生)하는 곳에서 음간(陰干)은 사(死)하고, 음간(陰干)이 생(生)하는 곳에서 양간(陽干)은 사(死)한다고 하는 말이다. 이는 양간(陽干)은 순행(順行)을 하고 음간(陰干)은 역행(逆行)을 한다는 것을 이르는 말과 같다. 이전부터 음양순행(陰陽順行)과 음양순역(陰陽順逆)에 대한 생각이 명리(命理) 고전(古典)에서부터 서로 차이가 나고 있으나, 음양순행(陰陽順行)은 천간(天干)의 양간(陽干)과 음간(陰干)을 함께 같은 오행(五行)으로 보고 지지(地支)에서의 왕상휴수사(旺相休囚死)에 대입하는 것과 같은 방법을 취한다고 볼 수 있다. 그러나 음양순역(陰陽順逆)은 천간(天干)의 양간(陽干)은 순행(順行)을 하고 천간(天干)의 음간(陰干)은 역행(逆行)을 한다고 보는 관법(觀法)으로 지금의 대부분의 명리학계(命理學界)에서는 받아들여지고 있으며 임상(臨床)에서도 무리가 없다.

음생양사(陰生陽死)라고 해서 음간(陰干)이 생(生)하는 곳에서 음간(陰干)이 죽는다고 하여 그 이유를 찾는 노력도 많이 하고 있지만 아직 명쾌한 해석은 보기 드물다. 그 이유는 결국 음간(陰干)의 12운성(運星)은 역행(逆行)을 한다는 이유를 찾는 것과 같은 맥락이 될 것이다.

양생음사(陽生陰死) 음생양사(陰生陽死)는 아래의 말과도 같은 의미이다.

- 양록음왕(陽祿陰旺): 양(陽)이 건록(建祿)이면 음(陰)은 제왕(帝旺)이 되고, 음(陰)이 건록(建祿)이면 양(陽)은 제왕(帝旺)이 된다.
- 양대음쇠(陽帶陰衰): 양(陽)이 관대(冠帶)이면 음(陰)은 쇠(衰)가 되고, 음(陰)이 관대(冠帶)이면 양(陽)은 쇠(衰)가 된다.
- 양욕음병(陽浴陰病): 양(陽)이 목욕(沐浴)이면 음(陰)은 병(病)이 되고, 음(陰)이 목욕(沐浴)이면 양(陽)은 병(病)이 된다.
- 양생음사(陽生陰死): 양(陽)이 생(生)이면 음(陰)은 사(死)가 되고, 음(陰)이 생(生)이면 양(陽)은 사(死)가 된다.
- 양양음묘(陽養陰墓): 양(陽)이 양(養)이면 음(陰)은 묘(墓)가 되고, 음(陰)이 양(養)이면 양(陽)은 묘(墓)가 된다.
- 양태음절(陽胎陰絶): 양(陽)이 태(胎)이면 음(陰)은 절(絶)이 되고, 음(陰)이 태(胎)이면 양(陽)은 절(絶)이 된다.

이것은 특별한 의미가 있는 말이 아니고 천간(天干)에 겁재(劫財)가 있을 경우에 이해하기가 쉬워진다. 예를 들어 일간(日干)이 건록(建祿) 위에 앉아 있으면 옆에 있는 겁재(劫財)를 보는 시각이 제왕(帝旺)이 되며 그 겁재(劫財)가 관대지(冠帶地)에 앉아 있으면 나와의 관계는 쇠(衰)의 관계가 됨을 쉽게 파악할 수 있다.

7-3.
화토동궁(火土同宮) 수토동궁(水土同宮)

천간(天干)의 목(木), 화(火), 금(金), 수(水)는 지지(地支)에서 비록 양간(陽干)의 운동이긴 하지만 삼합(三合)으로 그러한 운동이 일어나기도 하지만 무토(戊土)와 기토(己土)는 지지(地支)에서 그러한 운동도 없기 때문에 지지(地支)와의 12운성(運星) 관계성을 화(火)와 같이 보는 것을 화토동궁(火土同宮), 수(水)와 같이 보는 것을 수토동궁(水土同宮)이라고 한다.

무토(戊土)의 장생지(長生支)를 병화(丙火)의 장생지(長生支)인 인목(寅木)으로 보고, 기토(己土)의 장생지(長生支)를 정화(丁火)의 장생지(長生支)인 유금(酉金)으로 보는 것을 화토동궁(火土同宮)이라고 한다. 따라서 수토동궁(水土同宮)이란 무토(戊土)의 장생지(長生支)를 임수(壬水)의 장생지(長生支)인 신금(申金)으로 보고, 기토(己土)의 장생지(長生支)를 계수(癸水)의 장생지(長生支)인 묘목(卯木)으로 보는 것을 말한다.

화토동궁(火土同宮)과 수토동궁(水土同宮)의 이유나 연혁 또는 그러한 것을 주장하는 사람이나 저서는 학문적으로 연구하는 사람들의 몫으로 남겨 두고 여기에서는 근본적으로 화토동궁(火土同宮)이나 수토동궁(水

土同宮)이 같은 말이라는 것을 말하고자 한다.

먼저 병화(丙火)의 12운성(運星)을 보자.

병화(丙火)의 12운성(運星)

12운성(運星)	지지(地支)
양(養)	축(丑)
장생(長生)	인(寅)
목욕(沐浴)	묘(卯)
관대(冠帶)	진(辰)
건록(建祿)	사(巳)
제왕(帝旺)	오(午)
쇠(衰)	미(未)
병(病)	신(申)
사(死)	유(酉)
묘(墓)	술(戌)
절(絶)	해(亥)
태(胎)	자(子)

다음 임수(壬水)의 12운성(運星)을 보자.

임수(壬水)의 12운성(運星)

12운성(運星)	지지(地支)
양(養)	미(未)
장생(長生)	신(申)

목욕(沐浴)	유(酉)
관대(冠帶)	술(戌)
건록(建祿)	해(亥)
제왕(帝旺)	자(子)
쇠(衰)	축(丑)
병(病)	인(寅)
사(死)	묘(卯)
묘(墓)	진(辰)
절(絶)	사(巳)
태(胎)	오(午)

이것을 합치면

지지	丙의 12운성	의미	壬의 12운성	의미	정신적 육체적
축	양	육체를 키움	쇠	정신을 키움	키움
인	장생	육체가 태어남	병	정신의 태어남	태어남
묘	목욕	육체가 즐거움	사	정신적 즐거움	즐거움
진	관대	육체를 과시함	묘	정신을 과시함	과시함
사	건록	육체적 만남	절	정신적 만남	만남
오	제왕	육체적 왕성함	태	정신적 왕성함	왕성함
미	쇠	육체의 쇠퇴	양	정신의 쇠퇴	쇠퇴
신	병	육체가 병듦	장생	정신이 병듦	병듦
유	사	육체가 죽음	목욕	정신이 죽음	죽음
술	묘	육체가 묘지	관대	정신이 묘지	묘지
해	절	육체의 끊어짐	건록	정신이 끊어짐	끊어짐
자	태	육체의 잉태	제왕	정신의 잉태	잉태

위에서 보듯이 병화(丙火)의 12운성(運星)은 임수(壬水)의 12운성(運星)과 충(冲)하는 관계가 된다. 양적(陽的) 영역의 12운성(運星)과 음적(陰的) 영역의 12운성(運星)은 서로 충(冲)하는 관계이면서 단지 그 차이는 육체적이냐 정신적이냐로 달라지게 된다. 그러나 정신과 육체는 심신일원론(心身一元論)이라는 것도 있듯이 그것을 확연하게 구분하기 어렵고, 정신이든 육체든 태어나고 만나고 왕성하고 쇠하고 하는 것은 같은 의미이기 때문에 병화(丙火)의 12운성(運星)과 임수(壬水)의 12운성(運星)은 의미적으로는 같다고 볼 수 있다.

따라서 화(火)를 토(土)와 같다고 하거나 수(水)를 토(土)하고 같다고 하는 것은 정신과 육체의 문제이기 때문에 의미적으로는 같다고 보아야 한다. 무토(戊土)가 화(火)와 같다면 인(寅)에서 육체가 태어나지만 무토(戊土)가 수(水)와 같다면 인(寅)에서 정신이 태어나기 때문에 어떤 사람은 화(火)와 같다고 하지만 어떤 사람은 수(水)와 같다고 말하기도 하는 것이다.

화토동궁(火土同宮)이나 수토동궁(水土同宮)은 다른 관법(觀法)이 아니라 넓은 의미에서는 같다고 보는 것이다. 인오술(寅午戌)을 예로 들어 보면 병화(丙火)는 장생(長生)인 육체가 태어나서 제왕(帝旺)인 왕성하게 활동하다가 묘(墓)인 정신적인 과시를 하는 것이지만, 임수(壬水)는 병(病)인 정신이 태어나서 태(胎)인 정신적으로 왕성하게 활동하다가 관대(冠帶)인 육체적인 과시를 하는 것이기 때문에 태어나서 왕성하게 활동하다가 묘(墓)에 들어가는 것은 같은 것이라 볼 수 있다.

화토동궁(火土同宮)이나 수토동궁(水土同宮)이기 때문에 거의 같은 말이지만 다행스럽게 화토동궁(火土同宮)이 아니고 목토동궁(木土同宮)이라고 하는 주장은 없다.

7-4.
12운성(運星)과 12신살(神殺)

12운성(運星)은 천간(天干)과 지지(地支)를 규정하는 것이며, 12신살(神殺)은 지지(地支)와 지지(地支)를 규정한다고 보아야 한다. 12운성(運星)과 12신살(神殺)은 지지(地支)와 관련이 있어 12개의 단계를 가진다는 공통점이 있으나 12운성(運星)의 12단계를 12신살(神殺)의 12단계와 비슷하게 본다는 것은 바람직하지 않다. 그 이유는 이름부터 판이하게 다르고 몇 개의 단계에서는 비슷한 해석이 있을 수 있으나 대부분의 경우에는 해석이 서로 매치(match)되지 않기 때문이다.

12신살(神殺)의 이름부터 그것이 의미하는 정확한 키워드는 무엇인지, 과연 천살(天殺)이라 하여 나쁜 면만 있는 것인지, 그리고 일반적으로 년지(年支)를 기준으로 판단을 하는데 일지(日支)를 기준으로 판단하는 것이 내 사주(四柱)에 잘 적용이 되는지, 누구는 일간(日干)을 기준으로 12신살(神殺)을 보기도 하는데 과연 신빙성은 있는지 등을 깊이 있게 연구하여 명확한 기준이나 이론을 제시해야 할 것이다.

돼지띠(亥), 토끼띠(卯), 양띠(未)는 해묘미(亥卯未)라는 삼합(三合) 운동으로 해(亥), 묘(卯), 미(未)를 만나면 자기 운동, 사유축(巳酉丑)을 만나면 반대 운동, 신자진(申子辰)을 만나면 이전 운동, 인오술(寅午戌)을 만나면 다음 운동을 하는 것은 쉽게 이해할 수 있으나, 과연 해묘미(亥卯未) 띠가 봄의 계절인 인묘진(寅卯辰)이 자기 계절인지, 가을인 신유술(申酉戌)이 반대 계절인지, 여름인 사오미(巳午未)가 다음 계절인지, 겨울인 해자축(亥子丑)이 이전 계절인지는 확인을 해야 한다.

이는 삼합(三合)을 이전에 언급한 대로 해묘미(亥卯未)를 목운동(木運動), 인오술(寅午戌)을 화운동(火運動), 사유축(巳酉丑)을 금운동(金運動), 신자진(申子辰)을 수운동(水運動)으로 잘못 판단하기 때문이다. 해묘미(亥卯未)는 갑목(甲木)의 운동이면서 계수(癸水)의 운동이고, 인오술(寅午戌)은 병화(丙火)의 운동이면서 을목(乙木)의 운동이고, 사유축(巳酉丑)은 경금(庚金)의 운동이면서 정화(丁火)의 운동이고, 신자진(申子辰)은 임수(壬水)의 운동이면서 신금(辛金)의 운동이기 때문이다.

명리학(命理學)의 발전 단계에서 이처럼 목화토금수(木火土金水)의 오행(五行)에서 10간(十干)으로 발전하지 못하고 음간(陰干)의 중요성을 간과하다 보니 해묘미(亥卯未)를 갑목(甲木)과 계수(癸水)의 운동이라고 하지 않고 목운동(木運動)이라 하고, 인오술(寅午戌)을 병화(丙火)와 을목(乙木)의 운동이라 하지 않고 화운동(火運動), 사유축(巳酉丑)을 경금(庚金)과 정화(丁火)의 운동이라 하지 않고 금운동(金運動), 신자진(申子辰)을 임수(壬水)와 신금(辛金)의 운동이라 하지 않고 수운동(水運動)이라고 하게 된다.

이러한 사고방식은 12운성(運星)에서도 계승되어 갑목(甲木)의 12운성(運星)만 있을 뿐이지 을목(乙木)의 12운성(運星), 즉 음포태(陰胞胎)는 아예 없는 것으로 또는 갑목(甲木)과 같은 것으로 해석하는 오류를 낳게 된다.

저자는 12운성(運星)을 나름대로 정리하였으나 12신살(神殺)에 대해서는 정확한 이론을 정립하고 있지 못하니, 혹 12신살(神殺)에 대한 정확한 이론을 가지신 분은 좋은 자료를 공유해 주시길 부탁드립니다.

8.

12운성(運星)의 앞으로의 발전과 과제

8-1.
12운성(運星) 키워드의 재발견

1) 양(養)과 쇠(衰)

양(養)과 쇠(衰)는 육체적 또는 정신적으로 배우며 가르침에는 별 이의는 없을 것으로 보이는데 이 시기의 부정적인 키워드는 과연 조심스러움으로 괜찮을까?

양(養)과 쇠(衰)가 있는 사람은 조직에서의 생활이 무난하지만 없는 사람은 조직에서의 적응이 어려울 수 있다. 이런 경우는 독단적으로 근무하는 부서나 조직에서 근무하는 것이 바람직하다. 양(養)이나 쇠(衰)가 있는 사람은 지나치지 않도록 조심해야 한다. 새로운 키워드를 유추해 내기 어렵겠지만 누군가 좋은 아이디어를 낼 수 있을 것이다.

2) 장생(長生)과 병(病)

장생(長生)과 병(病)은 없는 것이 생기는 것이니 탄생이나 새로운 환경으로 보는 데에는 별 이견은 없을 것이다. 그리고 탄생은 출산의 아픔을 겪고 태어나듯이 반드시 고통을 수반하게 된다. 비겁(比劫) 아래에 장생

(長生)이나 병(病)이 있으면 사람을 새롭게 만나게 되고, 식상(食傷) 아래는 새로운 능력, 재성(財星) 아래는 새로운 재물, 관성(官星) 아래는 새로운 직장, 인성(印星) 아래는 새로운 학문을 만나게 되고 그 과정에서 어떤 아픔을 겪고 그러한 것을 얻게 되는 것이다. 장생(長生)과 병(病)의 키워드는 그리 어렵지 않지만 그래도 좋은 새로운 키워드를 찾아볼 수 있을 것이다.

3) 목욕(沐浴)과 사(死)

목욕(沐浴)과 사(死)는 태어나서 독립하기까지 부모의 돌봄을 받는 시기이다. 저자는 한 가지 단어로 즐거움이라고 표현하지만 좀 더 나은 표현이나 추가적인 키워드를 발견할 수 있을 것이다. 목욕(沐浴)과 사(死)의 부정적인 의미도 번거로움을 대신하는 좋은 키워드를 생각해 보자. 비겁(比劫) 아래에 목욕(沐浴)이나 사(死)가 있으면 내가 만나는 사람들이 즐거움을 주는 사람들이고, 식상(食傷) 아래에 있으면 나의 능력 발휘가 재미가 있으며, 재성(財星) 아래에 있으면 재물을 모으는 것이 재미가 있으며, 관성(官星) 아래에 있으면 직장이 재미가 있으며, 인성(印星) 아래에 있으며 공부가 즐거운 것이다.

4) 관대(冠帶)와 묘(墓)

관대(冠帶)와 묘(墓)는 이성의 관심을 끌기 위하여 폼을 잡는 시기이다. 관대(冠帶)는 실질적으로 모자나 제복으로 많이 나타나지만 묘(墓)는 정신적인 멋부림으로 지식이나 공부 등으로 나타난다. 부정적인 의미로는 저자는 아쉬움으로 표현하였다. 그러나 관대(冠帶)와 묘(墓)의 키워드는 멋부림이나 폼 그리고 아쉬움보다는 더욱 세련된 단어들을 찾을 수 있을 것이다. 관대(冠帶)나 묘(墓)가 비겁(比劫) 아래에 있으면 내가 만나는 사람들이 폼이 나는 사람들이며, 식상(食傷) 아래에 있으면 나의 능력이 폼이 나는 것이며, 재성(財星) 아래에 있으면 나의 재물이 폼이 나는 것이며, 관성(官星) 아래에 있으면 나의 직장이나 남편이 폼 나는 것이며, 인성(印星) 아래에 있다면 나의 학문이나 명예가 폼이 나는 것이다.

5) 건록(建祿)과 절(絶)

건록(建祿)과 절(絶)은 만남과 헤어짐이다. 건록(建祿)은 실체적 만남으로 사람, 능력, 재물, 직업 등을 모두 포괄하지만 절(絶)은 정신적 만남이라 사상이나 학문, 새로운 이론 등을 만난다고 볼 수 있다. 건록(建祿)과 절(絶)이 비겁(比劫) 아래에 있으면 사람을 만나는 것이며, 식상(食傷) 아래에 있으면 나의 새로운 능력을 만나는 것이며, 재성(財星) 아래에 있다면 재물을 만날 것이며, 관성(官星) 아래에 있다면 직장이나 남편을 만날 것이며, 인성(印星) 아래에 있다면 학문이나 어떤 정신을 만난다고 보아야 한다. 건록(建祿)과 절(絶)은 그리 어려움 없이 만남과 헤어짐으로 키워드를 정할 수 있지만 좋은 아이디어가 있을 수 있겠다.

6) 제왕(帝旺)과 태(胎)

제왕(帝旺)과 태(胎)는 가장 왕성함에서 반대의 기운이 태어남을 보여주고 있다. 제왕(帝旺)은 육체의 기운이 가장 왕성할 때이고 이때에는 정신이 태어난다고 본다. 태(胎)는 정신이 가장 왕성할 때이고 이름처럼 육체를 잉태하게 된다. 따라서 제왕(帝旺)과 태(胎)는 왕성함이고 반대 기운이 생겨남을 의미하고, 부정적 의미는 과하면 피곤과 독단이 될 수 있다. 제왕(帝旺)과 태(胎)가 비겁(比劫) 아래에 있으면 내가 만나는 사람들이 왕성하게 활동하는 사람들이며, 식상(食傷) 아래에 있으며 나의 능력을 왕성하게 발휘하는 것이며, 재성(財星) 아래에 있으면 재물을 모으느라 바쁘며, 관성(官星) 아래에 있으면 바쁘게 움직이는 직장이나 남편이며, 인성(印星) 아래에 있으면 공부를 열심히 한다고 볼 수 있다.

8-2.
사주(四柱)를 보는 새로운 방법 - 관계론(關係論)

사주(四柱)를 해석하는 방법론 중에서 크게는 격국론(格局論)과 억부론(抑扶論)의 2가지로 나눌 수 있다. 격국론(格局論)은 월지(月支)를 기준으로 용신(用神)을 찾아서 순용(順用)과 역용(逆用), 격국(格局)의 성격과 파격(破格), 상신(相神), 유정(有情), 무정(無情), 내격(內格), 외격(外格) 등등을 파악하여 길흉을 논하거나 해석을 하는 방법이며, 억부론(抑扶論)은 일간(日干)의 강약을 파악하여 강한 사주(四柱)는 일간(日干)의 힘을 억누르고 약한 사주(四柱)는 일간(日干)의 힘을 부축해 주는 것을 용신(用神)으로 삼아 사주(四柱)를 해석하거나 길흉을 파악하고자 한다.

이 경우 어느 관법(觀法)도 나의 사주(四柱) 년간(年干)에 무엇이 있는지 또는 시지(時支)나 년지(年支)에 어떤 글자가 있는지는 거의 중요하지 않다. 격국론(格局論)에서는 오직 월지(月支)의 글자만이 중요하고 월지(月支)의 지장간(地藏干)이 투출하였는지 보고 나머지 천간(天干)이 그 용신(用神)을 순용(順用) 역용(逆用)을 잘하고 있는지를 판단하기 때문에 월지(月支) 이외의 지지(地支)나 기타의 천간(天干)들의 해석에는 아주 미비하다.

억부론(抑扶論)은 더욱 말할 필요도 없이 사주(四柱)의 구성보다는 일간(日干)이 천간(天干) 지지(地支)에서 힘을 받고 있는지 그 힘의 세기는 얼마나 되어 일간(日干)이 약한 것인지 강한 것인지를 파악하는 데 바쁘다. 그리하여 가장 문제가 되는 것은 강약의 판별에 있어서 사람마다 다를 수 있고, 비록 같은 사람이라고 하여도 아침에 볼 때와 저녁에 볼 때가 다르게 느껴지는 게 문제이다. 그리고 이 억부론(抑扶論)에 있어서도 년간(年干)에 어떤 글자가 있고 지지(地支)에 어떤 글자가 있어 그 글자가 무엇을 의미하는지를 풀이하는 관법(觀法)은 존재하지 않고 단지 용신(用神)을 찾는 데만 급급하다.

 관계론은 일간(日干)과 나머지 7개의 천간(天干) 지지(地支)와의 관계뿐만 아니라 새로이 정립된 12운성(十二運星)으로 년간(年干)과 4개의 지지(地支)와의 관계, 월간(月干)과 4개의 지지(地支)와의 관계, 일간(日干)과 4개의 지지(地支)와의 관계, 시간(時干)과 4개의 지지(地支)와의 관계를 정확하게 규정함으로써 내가 가지고 있는 천간(天干)을 더욱 세밀하게 규정을 하고 내가 가지고 있지 않은 십성(十星)을 인종법(引從法)으로 나의 지지(地支)와 비교함으로써 나의 사주(四柱)를 세밀하고 정확하게 해석을 할 수 있다.

 천간(天干)에 없는 십성(十星)이 지지(地支)에 있을 경우에는 그 지지(地支)는 이미 4개의 천간(天干)과 이미 서로 규정을 했으므로 쉽게 판단할 수 있다.

마찬가지로 지지에서 가지고 있지 않은 십성은 인종법으로 쓸 수 있으며, 운에서 들어올 경우에는 새로운 환경으로 들어감으로 해석을 하면 된다.

9.

실제 사주의 분석 사례

– 12운성(運星)에 의한 관계론적 (關係論的) 분석 방법

저자는 관계론(關係論)에 관하여 추후 다른 책자를 발간할 예정으로 있으나 미래는 불확실한 것이니 여기에서 몇 가지 예를 들어 보고자 한다. 12운성(運星)에 따른 해석을 하면 사주풀이가 얼마나 쉽고, 또한 해석이 풍부해지는지 느낄 수 있을 것이다.

9-1.
비견만 있는 가상의 사주(四柱)

병(丙)   병(丙)   병(丙)   병(丙)
신(申)   인(寅)   신(申)   오(午)

이렇게 천간(天干)에 비견(比肩)만 가지고 있는 특이한 가상의 사주를 관계론적으로 분석해 보자.

격국(格局)으로 풀어 보면 편재격(偏財格)의 사주(四柱)로서 천간(天干)에 편재(偏財)를 치는 병화(丙火)만 보이니 별로 좋아 보이는 사주(四柱)는 아닐 것 같다. 억부적(抑扶的)으로 보아도 아주 신강(身强)한 사주(四柱)에 화토(火土)를 용신(用神)으로 하는 구조로서 편재(偏財)가 월지(月支)를 잡은 것은 다행이지만 군겁쟁재(群劫爭財)에 가까운 사주(四柱)이다. 목화(木火)의 운(運)이 오면 힘들 것이고, 토금수(土金水)의 운(運)이 오면 좋아질 것이다.

이 사주(四柱)를 관계론(關係論)으로 풀어 보면 판이한 해석이 나오는데 그것은 아래와 같다. 일반적으로 격국(格局)이나 억부론(抑扶論)에서도 누구나 하는 해석과 별도로 관계론적(關係論的) 입장으로 해석하는 부분을 추가하도록 한다.

(1) 일간(日干)은 병화(丙火)로 화끈한 성격이며, 일지(日支)에 편인(偏印)을 두니 전문적인 능력을 가지고 있을 것이다. 일지(日支) 인목(寅木)은 장생(長生)이니 무언가를 새롭게 만들어 내는 능력을 지녔다.

(2) 년간(年干)과 월간(月干) 그리고 시간(時干)에 비견(比肩)만이 나와 있으니 이 사람의 삶의 주제나 인생에 있어서 중요한 것은 사회에서 내가 만나는 사람들이다.

(3) 년간(年干)의 비견(比肩) 병화(丙火)는 오화(午火)에 앉아 있으니 내가 만나는 사람의 속성은 왕성하게 활동을 하는 사람들이다.

(4) 월간(月干)과 시간(時干)의 비견(比肩) 병화(丙火)는 신금(申金)에 앉아 있으니 내가 만나는 사람의 속성은 돈이 있는 사람일 것이며, 병지(病地)에 앉아 있으니 한 번쯤은 아픔을 겪고 정신적으로 무언가 새로운 것을 만들고자 하는 사람들이다.

(5) 년월시간(年月時干) 병화(丙火)와 나의 일지(日支)와의 관계는 생지(生地)이니 나는 사회에서 만나는 사람들에게 무언가를 만들어 내는 영향을 미치게 되며, 그들 또한 나에게 그러한 영향을 미치게 된다. 그로 인한 아픔도 반드시 겪게 된다.

(6) 년지(年支)의 오화(午火)는 내가 보아도 제왕(帝旺)이니 내가 만나는 년간(年干)의 사람들은 나에게 왕성함의 영향을 미치게 되며, 나 또한 그들에게 같은 영향을 미치게 된다.

(7) 월지(月支)와 시지(時支)의 신금(申金)은 내가 보아도 병지(病地)이니 내가 만나는 월간(月干)과 시간(時干)의 사람들은 나에게 정신적으로 무언가를 창조하는 영향을 미치며, 나 또한 그들에게 같은 영향을 미치게 된다. 그리고 시지 신금의 영향으로 말년에는 정신적인 창조에 몰두하게 된다.

이제부터는 천간(天干)에 없는 십성(十星)으로 이 사람을 유추하게 된다. 천간(天干)에 없는 십성(十星)을 인종(引從)할 경우 제일 먼저 일지(日支)와 대입을 하고 나머지 지지(地支)에 대입하도록 한다.

(8) 겁재(劫財) 정화(丁火)를 대입할 경우 일지(日支) 인목(寅木)은 사지(死地)라 이 사람은 경쟁자나 사람들에게 정신적인 즐거움을 주는 사람이다. 월지(月支)와 시지(時支) 신금(申金)은 목욕(沐浴)이라 실질적인 즐거움도 주며, 년지(年支) 오화(午火)는 건록(建祿)이라 경쟁자나 사람을 반드시 만나게 된다.

(9) 편인(偏印) 갑목(甲木)을 대입할 경우 일지(日支) 인목(寅木)은 건록(建祿)이라 이 사람은 반드시 전문성을 만나게 된다. 월지(月支)와 시지(時支) 신금(申金)은 절지(絶地)라 그 전문성이 A에서 B로 바뀌기도 하

며, 년지(年支) 오화(午火)는 사지(死地)라 그 전문성으로 정신적인 즐거움을 얻게 된다.

(10) 정인(正印) 을목(乙木)을 대입할 경우 일지(日支) 인목(寅木)은 제왕(帝旺)이라 이 사람은 배움에 아주 왕성한 열정을 가지고 있는 사람이다. 월지(月支)와 시지(時支) 신금(申金)은 태지(胎地)라 정신적으로도 왕성하며, 년지(年支) 오화(午火)는 생지(生地)라 학문(學問)을 만들어 내기도 한다.

(11) 식신(食神) 무토(戊土)를 대입할 경우 일지(日支) 인목(寅木)은 장생(長生)이라 이 사람은 자기의 전문적인 능력을 자꾸 만들어 내는 사람이다. 월지(月支)와 시지(時支) 신금(申金)은 병지(病地)라 그 전문성을 정신적으로도 만들어 내며, 년지(年支) 오화(午火)는 제왕(帝旺)이라 그 전문적 능력이 아주 왕성하다고 볼 수 있다.

(12) 상관(傷官) 기토(己土)를 대입할 경우 일지(日支) 인목(寅木)은 사지(死地)라 이 사람은 자기의 상관적(傷官的) 능력에 정신적인 즐거움을 누리는 사람이다. 월지(月支)와 시지(時支) 신금(申金)은 목욕(沐浴)이라 그 상관적(傷官的) 능력에 실질적으로 즐거움을 누리며, 년지(年支) 오화(午火)는 건록(建祿)이라 그 상관적(傷官的) 능력을 반드시 만나게 된다.

(13) 편재(偏財) 경금(庚金)을 대입할 경우 일지(日支) 인목(寅木)은 절지(絶地)라 이 사람은 편재(偏財)와 정신적인 만남을 이루고, 월지(月支)

와 시지(時支) 신금(申金)은 건록(建祿)이라 그 편재(偏財)를 실제로 반드시 만나게 되며, 년지(年支) 오화(午火)는 목욕(沐浴)이라 그 편재(偏財)로 즐거움을 누린다고 본다.

(14) 정재(正財) 신금(辛金)을 대입할 경우 일지(日支) 인목(寅木)은 태지(胎地)라 이 사람은 자기의 재물(財物)에 대하여 정신적으로 왕성함을 보이는 사람이다. 월지(月支)와 시지(時支) 신금(申金)은 제왕(帝旺)이라 재물(財物)에 대하여 실제로 왕성함을 보이며, 년지(年支) 오화(午火)는 병지(病地)라 재물(財物)을 정신적으로 창조하게 된다.

(15) 편관(偏官) 임수(壬水)를 대입할 경우 일지(日支) 인목(寅木)은 병지(病地)라 이 사람은 편관(偏官)을 정신적으로 창조하게 되며, 월지(月支)와 시지(時支) 신금(申金)은 장생(長生)이라 편관(偏官) 즉 큰 지지자나 스트레스를 만들어 내게 되며, 년지(年支) 오화(午火)는 태지(胎地)라 그 편관(偏官)이 정신적으로 왕성하다고 본다.

(16) 정관(正官) 계수(癸水)를 대입할 경우 일지(日支) 인목(寅木)은 목욕지(沐浴地)라 이 사람은 자기의 직장(職場)이 즐거운 사람이다. 월지(月支)와 시지(時支) 신금(申金)은 사지(死地)라 직장(職場)과 말년이 정신적인 즐거움을 주는 곳이며, 년지(年支) 오화(午火)는 절지(絶地)라 정관(正官) 즉 직장(職場) 등이 바뀌거나 정신적인 만남을 하게 된다.

지금까지 천간(天干)에 없는 십성(十星)을 대입하여 이 사주(四柱)가

가지고 있는 천간(天干)의 비견(比肩) 이외의 십성(十星)이 나와 어떤 관계인지를 알아보았다. 그리하여 이 사람에 관하여 재물(財物)이나 직장(職場), 인성(印星), 능력 등에 관하여 많이 알아보았다. 인간관계도 대입하여 유추해 볼 수 있을 것이다.

그리고 위에 언급한 내용들은 대부분 긍정적인 내용들이 대부분이지만 각 12운성(運星)의 부정적인 키워드도 잊지 말고 기억하고 있어야 한다. 위에서 본다면 편재(偏財)는 큰 재물(財物)이라 절지(絕地)와 건록(建祿)으로 반드시 만나게 되지만 큰 재물(財物)의 헤어짐도 있다는 것을 명심하여야 한다.

다음에는 지지(地支)에 없는 십성(十星)이 들어오는 경우를 보도록 하자.

(17) 지지(地支)로 비견(比肩)인 사화(巳火)가 들어오면 이 사주(四柱)의 천간(天干)에는 비견(比肩) 병화(丙火)만 있으므로 건록(建祿)이 들어오게 된다. 일간(日干)이 보아도 건록(建祿)이고 년간(年干), 월간(月干), 시간(時干)이 보아도 건록(建祿)이니 상당히 강하게 들어오게 된다. 사화(巳火) 건록(建祿)이 들어오는 시기에는 무언가를 새롭게 만나게 된다. 새롭게 만나는 것이 사람일 수도 있고, 직장(職場), 재물(財物), 고통, 새로운 능력, 학문(學問) 등 좋거나 나쁜 것인지는 모르나 만나게 되는 시기이다.

(18) 지지(地支)로 식신(食神)인 진술토(辰戌土)가 들어오면 이 사주(四

柱)의 천간(天干)에는 비견(比肩) 병화(丙火)만 있으므로 관대(冠帶)와 묘(墓)가 들어오게 된다. 일간(日干)이 보아도 관대(冠帶)와 묘(墓)이고 년간(年干), 월간(月干), 시간(時干)이 보아도 관대(冠帶)와 묘(墓)이니 상당히 강하게 들어오게 된다. 진술토(辰戌土) 관대(冠帶)나 묘(墓)가 들어오는 시기에는 정신적으로나 실질적으로 폼을 잡으며 으스대는 시기가 된다. 진토(辰土)가 들어오면 실질적으로, 술토(戌土)가 들어오면 정신적으로 으스대게 된다. 그러나 무언가 아쉬움이 남기도 하는 시기이다.

(19) 지지(地支)로 상관(傷官)인 축미토(丑未土)가 들어오면 이 사주(四柱)의 천간(天干)에는 비견(比肩) 병화(丙火)만 있으므로 양(養)과 쇠(衰)가 들어오게 된다. 일간(日干)이 보아도 양(養)과 쇠(衰)이고 년간(年干), 월간(月干), 시간(時干)이 보아도 양(養)과 쇠(衰)이니 상당히 강하게 들어오게 된다. 축미토(丑未土) 양(養)과 쇠(衰)가 들어오는 시기에는 배움과 가르침의 시기가 된다. 정신적으로나 실질적으로 배우거나 가르치는, 즉 성장하는 시기가 된다. 축토(丑土)가 들어오면 실질적으로, 미토(未土)가 들어오면 정신적으로 배움과 가르치는 시기가 된다. 그러나 이 시기는 조심스럽게 나아가야 하는 시기이다.

(20) 지지(地支)로 정재(正財)인 유금(酉金)이 들어오면 이 사주(四柱)의 천간(天干)에는 비견(比肩) 병화(丙火)만 있으므로 사(死)가 들어오게 된다. 일간(日干)이 보아도 사(死)이고 년간(年干), 월간(月干), 시간(時干)이 보아도 사(死)이니 상당히 강하게 들어오게 된다. 유금(酉金) 사(死)가 들어오는 시기에는 정신적으로 즐거운 시기가 된다. 그러나 무언

가 번거로움이 동반되는 시기이기도 하다.

(21) 지지(地支)로 편관(偏官)인 해수(亥水)가 들어오면 이 사주(四柱)의 천간(天干)에는 비견(比肩) 병화(丙火)만 있으므로 절지(絶地)가 들어오게 된다. 일간(日干)이 보아도 절지(絶地)이고 년간(年干), 월간(月干), 시간(時干)이 보아도 절지(絶地)이니 상당히 강하게 들어오게 된다. 해수(亥水) 절지(絶地)가 들어오는 시기에는 무언가가 끊어지면서 정신적으로 새로운 만남의 시기가 된다. 그러나 기존의 무언가와의 헤어짐을 겪는 시기이기도 하다.

(22) 지지(地支)로 정관(正官)인 자수(子水)가 들어오면 이 사주(四柱)의 천간(天干)에는 비견(比肩) 병화(丙火)만 있으므로 태지(胎地)가 들어오게 된다. 일간(日干)이 보아도 태지(胎地)이고 년간(年干), 월간(月干), 시간(時干)이 보아도 태지(胎地)이니 상당히 강하게 들어오게 된다. 자수(子水) 태지(胎地)가 들어오는 시기에는 왕성한 정신적인 활동을 하는 시기가 된다. 그러나 과하면 안 되고 반대의 기운이 생기는 시기이기도 하다.

이처럼 천간에는 같은 비견만 있는 간단한 사주(四柱) 하나를 놓고도 아주 많은 이야기를 풀어낼 수 있고, 이러한 해석은 합리적으로 받아들여질 수 있다.

9-2.
유명한 명리학자 스님의 사주

계(癸) 기(己) 갑(甲) 정(丁)
유(酉) 미(未) 진(辰) 유(酉)

이 사주는 유명한 명리학자 낭월 스님의 사주이다. 스님께서 직접 본인의 저서에 올리셔서 많은 이야기를 하셨기에 특별히 허락이 없어도 풀이를 해 보는 것이 불법적이라거나 실례가 되지는 않을 것 같다.

편재격의 사주이지만 억부론의 거장답게 주로 이 사주의 신강신약을 판단하느라 애를 쓰고 마침내 신강으로 판단하면서 용신을 수목이 아니라 금수를 쓰는 식신생재의 사주로 판단한다. 이 사주를 신약으로 보는 사람이 있다는 것은 그만큼 이 사주가 나름대로 강약에 별로 치우치지 않은 균형을 잡고 있는 사주라는 것으로 보인다.

기미일주(己未日柱)가 시원한 물줄기가 있고 오행(五行)을 두루 갖춘 속된 말로 시상일위편재격(時上一位偏財格)의 부자 사주이다. 시간(時干)의 계수(癸水)를 보고 재물(財物)인지 여자인지를 판단하기는 쉽지 않다. 스님이지만 몇몇의 명리(命理) 선생(先生)들께서 여자를 둘 팔자라고 판단하는 것이 대단하다.

이 사주를 관계론적(關係論的) 관점(觀點)으로 풀이해 보자. 우리가 스님의 행적(行蹟)을 어느 정도 알고 있으니 많은 부분을 끼워 맞추는 형식으로 판단이나 해석을 하겠지만 어느 사주도 정해진 것은 없으니 재미있게 판단해 보자.

(1) 일간(日干)은 기토(己土)로 기본적으로 인자한 성품이며, 더구나 옆의 정관(正官)과 합(合)을 하고 있으니 합리적이고 바른 성품이 배가 되는 형상이다.

(2) 먼저 천간(天干)을 보면 편인(偏印), 정관(正官), 편재(偏財)가 보인다. 이 사람의 삶의 주된 테마이며 일생을 관통하는 맥락을 짚어 볼 수 있다. 어릴 때부터 편인(偏印)인 명리학(命理學)을 만나게 되고 관성(官星)은 나를 규제하는 것인데 낭월에게는 직장(職場)보다는 본인을 얽매는 사찰(寺刹)로 보는 것이 좋겠다. 시간(時干)의 편재(偏財)는 재물(財物)로 보는 것이 합리적이다. 따라서 이 사람의 삶의 주제는 명리학(命理學)과 사찰 그리고 재물(財物)이 된다.

이것은 외부적으로 나타나는 주제이지만 내적으로는 지지(地支)에서 관대(冠帶)와 사(死) 그리고 두 개의 장생(長生)을 만나니 폼 나는 제복과 정신적인 공부의 즐거움 그리고 책을 쓰거나 이론을 만들어 내는 창조적인 삶이 내면적인 주제가 될 수 있다.

(3) 기토(己土)가 비견(比肩) 미토(未土)에 앉아 있으니 나다움을 잃지 않는 사람이며 관대(冠帶)에 앉아 있으니 모자나 제복을 입는 폼 나는 형상인데 이는 승복(僧服)으로 나타난다. 이는 본인이 승복(僧服)에 대하여 대단한 자부심을 느끼는 것으로 나타날 것이다.

(4) 일간(日干)의 성정은 관대(冠帶)에 앉아 있어 제복(制服)을 입으며 폼이 나고, 월지(月支) 진토(辰土) 사(死)에 앉아 있으니 정신적인 것을 배우고 가르치는 삶이며 년지(年支)와 시지(時支)에 유금(酉金) 장생(長生)을 두니 무언가를 창조해 내는 능력이 탁월하다.

(5) 년간(年干) 정화(丁火)는 편인(偏印)으로 스님에게는 치우친 학문(學問) 즉 명리학(命理學)이며 편인(偏印)이 유금(酉金) 장생지(長生支)에 앉아 있으니 스님의 명리학(命理學)은 새로운 것을 창조해 내는 명리학(命理學)이며 일간(日干) 기토(己土)가 보아도 유금(酉金)이 장생지(長生支)이니 나는 명리학(命理學)에 관하여 새로운 것을 창조하는 사람이다.

(6) 이 명리학(命理學)은 월지(月支)에서 진토(辰土) 사(死)를 보니 사회에서 이 명리학(命理學)으로 정신적인 배움과 가르침이 있을 수 있으며, 일지(日支)에서는 미토(未土)가 관대(冠帶)이니 나는 명리학(命理學)으로 나름대로 으스대며 폼을 잡는 사람이며, 시지(時支)에서 유금(酉金)

장생(長生)을 보니 말년(末年)까지 명리학(命理學)을 새롭게 창조하는 삶을 살 것이다. 이로 유추(類推)해 본다면 스님은 많은 명리학(命理學)의 새로운 면을 창조도 하고 또한 그것을 글로 써 자주 책을 만들어 내는 그러한 삶을 살 것이다.

(7) 월간(月干) 갑목(甲木) 정관(正官)은 나를 규제하는 사찰(寺刹)로 본다면 진토(辰土) 쇠지(衰地)에 있으니 정신적인 것을 배우고 가르치는 사찰(寺刹)이 될 것이며, 년지(年支) 유금(酉金) 태지(胎地)를 보니 이 사찰(寺刹)은 정신적인 면의 활동이 왕성할 것이며, 일지(日支) 미토(未土) 묘(墓)를 보니 나는 이 사찰(寺刹)을 정신적으로 으스대는 정도로 생각하며 말년(末年)에도 정신적으로 왕성한 활동을 할 것이다. 만일에 갑목(甲木)을 자식으로 본다면 자식은 틀림없이 정신적인 분야에 종사(從事)를 할 것이며, 스님은 이 자식을 나름 정신적으로 뿌듯하게 생각할 것이다.

(8) 마지막 천간(天干) 계수(癸水)는 편재(偏財)로 여자로 본다면 병지(病地)에 앉아 있으니 정신적으로 무언가를 만들어 내는 사람일 것이며, 그래도 편재(偏財)는 재물(財物)이니 재물(財物)의 속성이 병지(病地)이니 정신적으로 자꾸 만들어 내는 속성을 가지고 있으며 일간(日干) 기토(己土)가 볼 적에는 장생(長生)에 앉아 있으니 나는 그러한 재물(財物)을 실제로 만들어 내는 사람이다.

이것은 천간(天干)에 나타나 있는 것이므로 중요하면서도 나의 삶의 기본 토대이나 천간(天干)에서 보이지 않는 나머지 십성(十星)도 나와 무관하지 않으니 나머지는 인종법(引從法)으로 유추(類推)해 본다.

(9) 먼저 천간(天干)에 없는 비견(比肩)이 들어온다면 일간(日干)과 같으므로 일간(日干)의 성정(性情)에 보듯이 관대(冠帶)와 사(死), 장생(長生)의 운세(運勢)가 된다.

(10) 천간(天干)으로 겁재(劫財) 무토(戊土)가 들어올 경우 일지(日支)와의 관계는 쇠(衰)가 되니 내가 만나는 사람이나 경쟁자들은 정신적인 배움이나 가르침을 하는 사람들이며, 월지(月支)에서 진토(辰土) 관대(冠帶)를 보니 나름대로 폼이 나거나 으스대는 사람들이며, 년지(年支) 시지(時支)에서 사(死)를 보니 정신적인 즐거움을 누리는 사람들이다.

(11) 천간(天干)으로 식신(食神) 신금(辛金)이 들어올 경우 일지(日支)와의 관계는 쇠(衰)가 되니 나의 식신적(食神的) 능력은 정신적인 배움이나 가르침이며, 월지(月支)에서 진토(辰土) 묘(墓)를 보니 정신적으로 으스대는 능력이며, 년지(年支) 시지(時支)에서 건록(建祿)을 보니 그러한 식신적(食神的) 능력을 반드시 만나게 된다.

(12) 천간(天干)으로 상관(傷官) 경금(庚金)이 들어올 경우 일지(日支)와의 관계는 관대(冠帶)가 되니 나의 상관적(傷官的) 능력은 으스댈 수 있는 수준이며, 월지(月支)에서 진토(辰土) 양(養)을 보니 상관적(傷官的) 능력을 배우고 가르치는 사람이며, 년지(年支) 시지(時支)에서 제왕(帝旺)을 보니 그러한 상관적(傷官的) 능력이 왕성한 사람이다.

(13) 천간(天干)으로 정재(正財) 임수(壬水)가 들어올 경우 일지(日支)

와의 관계는 양(養)이 되니 나는 재물(財物)을 잘 다루는 능력이 있으며, 월지(月支)에서 진토(辰土) 묘(墓)를 보니 재물(財物)에 대하여 정신적으로 으스대는 수준일 것이며, 년지(年支) 시지(時支)에서 목욕(沐浴)을 보니 재물(財物)의 수준은 즐거움을 준다고 볼 수 있다.

(14) 천간(天干)으로 편관(偏官) 을목(乙木)이 들어올 경우 일지(日支)와의 관계는 양(養)이 되니 나는 스트레스나 직장(職場)을 잘 다루는 사람이며, 월지(月支)에서 진토(辰土) 관대(冠帶)를 보니 편관(偏官)으로 으스대는 사람이며, 년지(年支) 시지(時支)에서 절(絶)을 보니 편관(偏官)과는 한 번씩 헤어지거나 정신적인 만남을 하게 된다.

(15) 천간(天干)으로 정인(正印) 병화(丙火)가 들어올 경우 일지(日支)와의 쇠(衰)가 되니 나는 학문(學問)을 배우고 가르치는 사람이며, 월지(月支)에서 진토(辰土) 관대(冠帶)를 보니 나는 학문(學問)으로 으스댈 수 있는 수준이며, 년지(年支) 시지(時支)에서 사(死)를 보니 나는 학문(學問)으로 정신적인 즐거움을 누리는 사람이다.

지금까지 천간(天干)에 없는 십성(十星)을 대입하여 이 사주(四柱)가 가지고 있는 천간(天干)의 편인(偏印), 정관(正官), 편재(偏財) 이외의 십성(十星)이 나와 어떤 관계인지를 알아보았다. 그리고 위에 언급한 내용들은 대부분 긍정적인 내용들이 대부분이지만 각 12운성(運星)의 부정적인 키워드도 잊지 말고 기억하고 있어야 한다.

이 사주(四柱)는 지지(地支)에 비겁(比劫)이 있고 식신(食神)이 있어 나머지를 대입하도록 한다.

 (16) 지지(地支)로 상관(傷官)인 신금(申金)이 들어오면 이 사주(四柱)의 천간(天干)에는 일간(日干) 기토(己土) 외에 정화(丁火), 갑목(甲木), 계수(癸水)가 있어 모두 대입을 해야 한다. 지지(地支)로 상관(傷官) 신금(申金)이 들어오면 일간(日干)에게는 목욕(沐浴)이므로 즐거운 시기이고 편인(偏印) 역시 화토동법(火土同法)으로 명리학(命理學)이 즐거운 시기가 될 것이며, 갑목(甲木)에게는 절(絶)이라 직장(職場) 즉 사찰(寺刹)과 헤어지거나 정신적인 만남을 가지게 되고, 시간(時干) 편재(偏財)에게는 사(死)라 정신적으로 즐거운 시기이다.

 (17) 지지(地支)로 편재(偏財)인 자수(子水)가 들어오면 이 사주(四柱)의 천간(天干)에는 일간(日干) 기토(己土) 외에 정화(丁火), 갑목(甲木), 계수(癸水)가 있어 모두 대입을 해야 한다. 지지(地支)로 편재(偏財) 자수(子水)가 들어오면 일간(日干)에게는 절(絶)이므로 정신적인 만남의 시기이고 편인(偏印) 역시 화토동법(火土同法)으로 명리학(命理學)이 정신적으로 만나는 시기가 될 것이며, 갑목(甲木)에게는 목욕(沐浴)이라 직장(職場) 즉 사찰(寺刹)에 지내는 것이 즐거운 시기가 되고 시간(時干) 편재(偏財)에게는 건록(建祿)이라 큰 재물(財物)을 만나는 시기이다.

 (18) 지지(地支)로 정재(正財)인 해수(亥水)가 들어오면 이 사주(四柱)의 천간(天干)에는 일간(日干) 기토(己土) 외에 정화(丁火), 갑목(甲木),

계수(癸水)가 있어 모두 대입을 해야 한다. 지지(地支)로 정재(正財) 해수(亥水)가 들어오면 일간(日干)에게는 태(胎)이므로 정신적으로 왕성한 활동의 시기이고 편인(偏印) 역시 화토동법(火土同法)으로 명리학(命理學)이 정신적으로 왕성한 활동을 하는 시기가 될 것이며, 갑목(甲木)에게는 장생(長生)이라 직장(職場) 즉 사찰(寺刹)에서 무언가를 새롭게 만들어 내는 시기가 되고 시간(時干) 편재(偏財)에게는 제왕(帝旺)이라 재물(財物)의 활동도 왕성한 시기이다.

(19) 지지(地支)로 편관(偏官)인 묘목(卯木)이 들어오면 이 사주(四柱)의 천간(天干)에는 일간(日干) 기토(己土) 외에 정화(丁火), 갑목(甲木), 계수(癸水)가 있어 모두 대입을 해야 한다. 지지(地支)로 편관(偏官) 묘목(卯木)이 들어오면 일간(日干)에게는 병(病)이므로 정신적인 창조의 시기이고 편인(偏印) 역시 화토동법(火土同法)으로 명리학(命理學)을 정신적으로 창조하는 시기가 될 것이며, 갑목(甲木)에게는 제왕(帝旺)이라 직장(職場) 즉 사찰(寺刹)에서 활발하게 활동을 하는 시기가 되고 시간(時干) 편재(偏財)에게는 장생(長生)이라 큰 재물(財物)을 만들어 내는 시기이다.

(20) 지지(地支)로 정관(正官)인 인목(寅木)이 들어오면 이 사주(四柱)의 천간(天干)에는 일간(日干) 기토(己土) 외에 정화(丁火), 갑목(甲木), 계수(癸水)가 있어 모두 대입을 해야 한다. 지지(地支)로 정관(正官) 인목(寅木)이 들어오면 일간(日干)에게는 사(死)이므로 정신적으로 즐거운 시기이고 편인(偏印) 역시 화토동법(火土同法)으로 명리학(命理學) 공부가

정신적으로 즐거운 시기가 될 것이며, 갑목(甲木)에게는 건록(建祿)이라 직장(職場) 즉 사찰(寺刹)을 반드시 만나게 되고 시간(時干) 편재(偏財)에게는 목욕(沐浴)이라 큰 재물(財物)로 즐거운 시기이다.

(21) 지지(地支)로 편인(偏印)인 오화(午火)가 들어오면 이 사주(四柱)의 천간(天干)에는 일간(日干) 기토(己土) 외에 정화(丁火), 갑목(甲木), 계수(癸水)가 있어 모두 대입을 해야 한다. 지지(地支)로 편인(偏印) 오화(午火)가 들어오면 일간(日干)에게는 건록(建祿)이므로 무언가와의 만남의 시기이고 편인(偏印) 역시 화토동법(火土同法)으로 명리학(命理學)을 만나는 시기가 될 것이며, 갑목(甲木)에게는 사(死)라 직장(職場) 즉 사찰(寺刹)로 말미암아 정신적으로 즐거운 시기가 되고 시간(時干) 편재(偏財)에게는 절(絶)이라 큰 재물(財物)을 잃거나 정신적으로 만나는 시기이다.

(22) 지지(地支)로 정인(正印)인 사화(巳火)가 들어오면 이 사주(四柱)의 천간(天干)에는 일간(日干) 기토(己土) 외에 정화(丁火), 갑목(甲木), 계수(癸水)가 있어 모두 대입을 해야 한다. 지지(地支)로 정인(正印) 사화(巳火)가 들어오면 일간(日干)에게는 제왕(帝旺)이므로 왕성한 활동의 시기이고 편인(偏印) 역시 화토동법(火土同法)으로 명리학(命理學)을 왕성하게 연구하는 시기가 될 것이며, 갑목(甲木)에게는 병(病)이라 직장(職場) 즉 사찰(寺刹)에 대하여 정신적으로 새롭게 하는 시기가 되고 시간(時干) 편재(偏財)에게는 태(胎)라 큰 재물(財物)에 대하여 정신적으로 왕성함을 보이는 시기이다.

모든 운(運)에는 위에서 살펴본 것처럼 나름대로의 상태를 판단할 수 있으나 그것의 성패(成敗)는 판단하기가 쉽지 않다. 장생(長生)과 병(病)에는 새로운 것을 만들어 내나 반드시 그에 따른 아픔을 동반하기 때문에 그것의 희기(喜忌)는 판단하기 어렵다. 목욕(沐浴)과 사(死)에 있어서의 피할 수 없는 번거로움, 관대(冠帶)와 묘(墓)의 아쉬움, 건록(建祿)과 절(絶)의 만남에 따르는 헤어짐 그리고 제왕(帝旺)과 태(胎)의 왕성함에서 피어나는 반대 기운의 잉태 등을 잘 판단하여야 한다.

　원국(原局)에서의 간지(干支)나 들어오는 간지(干支)가 과다하여 불필요할 경우에는 어려운 쪽으로 해석할 수 있으며 균형을 이루어 주거나 통관(通關)을 시켜주는 좋은 경우나 격국(格局)을 성격(成格)시켜 주는 좋은 경우는 긍정적으로 해석하는 등 여러 방법으로 희기(喜忌)나 길흉(吉凶)을 판단할 수 있을 것이다.

9-3.
세계적인 골프 여제 - 애니카 소렌스탐

| ○ | 임(壬) | 병(丙) | 경(庚) |
| ○ | 술(戌) | 술(戌) | 술(戌) |

스웨덴이 낳은 역사상 최고의 여자 골프 선수이다. 지지(地支)에다 편관(偏官) 술토(戌土)를 3개나 깔고 있다. 그래서 이혼을 하고 재혼한 것도 일리가 있다. 하여튼 이러한 사주(四柱)를 보면 해석하기가 만만치 않다. 간단하게 관계론으로 풀어 본다.

(1) 일간과 천간

속 깊은 임수(壬水) 일간(日干)이 천간(天干)에서 편인(偏印)과 편재(偏財)를 보니 이 사람의 삶은 전문적인 기술과 재물 그리고 지지의 편관(偏官)이 주 테마를 이루는 삶이다.

(2) 일간과 지지

지지(地支)에 모두 관대(冠帶)를 두니 일생이 폼 나는 또는 나름대로 으스댈 수 있는 삶이다. 속된 말로는 폼생폼사의 삶이다.

(3) 천간 편인의 속성과 나와의 관계

경금(庚金) 편인(偏印)이 쇠지(衰地)에 앉아 있으니 나는 내가 가진 기술을 아주 잘 배우며 가르칠 수 있다. 편인(偏印)의 속성이 그러하니 편인(偏印)적 기술이 뛰어나다고 볼 수 있다.
그 편인(偏印)이 지지(地支)가 술토(戌土)라 내가 볼 때에는 관대(冠帶)이니 나의 그 편인(偏印)적인 기술은 폼이 나는 것이다.

(4) 천간 편재의 속성과 나와의 관계

편재(偏財)는 묘지(墓地)에 앉아 있으니 나의 재물은 정신적으로 으스댈 수 있는 정도이며, 일간(日干)이 볼 때에는 지지(地支)가 관대(冠帶)이니 나의 재물도 역시 으스댈 수 있는 수준이다.

(5) 기타의 천간

기타 궁금한 것은 모두 대입을 해 보면 이 사람이 어떤 사람인지 쉽게 알 수 있다. 정인(正印)은 학문이며 인자함인데 나름 폼 나는 것처럼 대부분이 관대(冠帶)와 묘(墓), 아니면 양(養)과 쇠(衰)이니 폼도 나고 배움과 가르침이 주가 된다고 보면 된다.

식신(食神)은 양(養)이며, 상관(傷官)은 묘(墓)이니 나의 능력을 잘 발휘하며 정신적인 만족을 준다고 보면 된다.

9-4.
한국의 골프 여제 - 박인비

○ 무(戊) 기(己) 무(戊)
○ 진(辰) 미(未) 진(辰)

박세리와 함께 한국 최고의 여자 골프 선수이다. 사주(四柱)가 온통 비견(比肩)과 겁재(劫財)로만 이루어져 있다. 이 사주(四柱)를 보고 어떤 해석을 할 수 있을까? 없는 오행(五行)을 대입하면 더 많은 이야기를 할 수 있겠지만 간단하게 보이는 대로 판단을 해 보자.

(1) 일간과 비견, 겁재

일간(日干)은 든든한 무토(戊土)이고 천간(天干) 지지(地支)에서 비견(比肩)과 겁재(劫財)만 보고 있으니 이 사람은 살아가면서 만나는 사람들이 나의 삶에 있어서 중요한 모멘텀이나 주제가 된다고 볼 수 있다.

(2) 일간과 지지

　일간(日干)은 진토(辰土)에 앉아 있으니 관대(冠帶)라 이미 폼 나는 사람이며, 월지(月支) 미토(未土) 쇠(衰)를 보니 배움과 가르침이 주가 되고 년지(年支)도 진토(辰土)라 관대(冠帶)가 되니 일찍부터 폼 나는 삶을 살아가겠다.

(3) 주변 인물과의 관계

　내가 만나는 사람인 년간(年干)의 무토(戊土) 비견(比肩)은 진토(辰土) 관대(冠帶)에 앉아 있으니 내가 만나는 사람들도 폼 나는 사람들이며, 월간(月干)의 경쟁자 기토(己土) 겁재(劫財)도 역시 미토(未土) 관대(冠帶)에 앉아 있으니 내가 만나는 경쟁자들도 모두 폼 나는 사람들이다.

(4) 상호 영향

　비견(比肩) 무토(戊土)가 나에게 미치는 영향도 관대(冠帶)이며 내가 무토(戊土)에게 미치는 영향도 관대(冠帶)이다. 이것은 내가 만나는 사람들이 나를 폼 나게 만들기도 하지만 나 자신도 내가 만나는 사람들을 폼 나게 만들어 주는 영향을 미친다는 것이다.

　경쟁자 겁재(劫財) 기토(己土)가 나에게 미치는 영향은 쇠(衰)이니 나는 경쟁자로부터 배움과 가르침의 영향을 받고, 나는 겁재(劫財)에게 기토(己土)가 진(辰)을 보니 역시 쇠(衰)라 나 자신도 경쟁자에게 많은 배움과 가르침의 영향을 끼치는 사람이다.

(5) 사주의 특징

이 사주(四柱)는 지지(地支)에 토(土)만 있으니 천간(天干)의 대부분이 관대(冠帶)와 묘(墓) 아니면 양(養)과 쇠(衰)가 된다. 따라서 학문인 인성(印星)도 잘하며 폼 나고, 능력인 식상(食傷)도 잘하며 폼 나고, 재물인 재성(財星)도 좋으며 폼 나고, 명예인 관성(官星)도 좋으며 폼 나는 모든 게 좋아 보이는 가색격(稼穡格)의 사주(四柱)이다.

9-5.
세계적인 과학자 - 오펜하이머

| ○ | 병(丙) | 무(戊) | 갑(甲) |
| ○ | 술(戌) | 진(辰) | 진(辰) |

미국 하버드 대학에서 화학을 전공한 후 영국과 독일에서 당시 유행하던 양자역학을 공부하였으며, 훗날 원자 폭탄 개발을 주도한 세계적인 이론 물리학자이다. 천간(天干)은 편인(偏印)이 도식(倒食)하고 있고 지지(地支)는 시지(時支)는 모르지만 진술(辰戌)뿐이라 충(沖)하는 것은 정신과 육체라는 면만 다르지 의미는 같다고 볼 수 있다.

(1) 일간과 십성

일간(日干)은 화끈한 병화(丙火)이고 천간(天干)에서는 나의 전문성인 편인(偏印)을 보고 있으며 나머지는 천간(天干) 지지(地支)에서 온통 식신(食神)만을 보고 있으니 이 사람은 살아가면서 본인의 전문성을 가지고 그것을 연구하는 궁리와 풀어 나가는 식신(食神)적인 능력으로 삶의 주제가 된다고 볼 수 있다.

(2) 일간과 지지

일간(日干)은 술토(戌土)에 앉아 있으니 묘(墓)이고 나머지 지지(地支)가 진(辰)이니 관대(冠帶)이다. 이는 이 사람의 삶이 정신적으로나 실제적으로 폼 나는 삶이라는 것을 말하고 있다.

(3) 천간 십성의 특징

년간(年干)의 편인(偏印)은 나의 전문성이니 쇠(衰)에 앉아 있으니 연구심이 깊을 것이고, 나의 식신(食神)적인 능력은 무진(戊辰)이라 폼 나는 능력이겠다.

(4) 상호 관계

편인(偏印) 갑목(甲木)은 쇠(衰)에 앉아 있지만 내가 볼 때는 관대(冠帶)라 그 편인(偏印)이 폼이 난다고 볼 수 있으며, 갑목(甲木)이 나의 일지(日支) 술토(戌土)를 보니 양(養)이라 나는 나의 전문성을 잘 배우고 가르치는 능력을 가진 사람이다.

식신(食神) 무토(戊土)는 관대(冠帶)에 앉아 있지만 내가 보아도 관대(冠帶)이니 나의 식신(食神)적인 능력은 폼 나며, 일지(日支)와의 관계는 묘(墓)라 정신적으로도 폼 나는 능력이다.

(5) 사주의 특징

이 사주(四柱)는 지지(地支)에 토(土)만 있으니 천간(天干)의 대부분이 관대(冠帶)와 묘(墓) 아니면 양(養)과 쇠(衰)가 된다. 천간(天干)에 없는 십성(十星)을 대입하면 대부분이 좋은 이야기를 할 수 있고, 지지(地支)에는 식신(食神)만이 있는 나머지 십성(十星)을 대입해 보면 역시 재미있는 이야기를 할 수 있다.

9-6.
세계적인 과학자 - 파인만

○ 무(戊) 정(丁) 무(戊)
○ 오(午) 사(巳) 오(午)

미국 뉴욕 출신으로 MIT에서 수학을 전공하였으며, 전기 공학과 물리학을 전공하였다. 후에 프린스턴에서 물리학 박사 학위를 받았으며 2차 세계 대전으로 원자 폭탄 계획인 맨해튼 프로젝트에도 관여한 천재적인 이론 물리학자이다. 사주(四柱)는 천간(天干)에서 정인(正印) 하나만 보이고 나머지는 모두 비견(比肩) 겁재(劫財)로만 이루어진 독특한 사주(四柱)이다.

(1) 일간과 천간, 지지 구성

일간(日干)은 묵직한 무토(戊土) 일간(日干)이고 천간(天干)에서는 나의 학문인 정인(正印) 정화(丁火)가 있고 나와 같은 성향의 무오(戊午)가 년(年)에 있으며 지지(地支)는 온통 정편인(正偏印)으로 구성되어 있다. 이 사람의 삶은 나와 같은 사람을 만나서 학문이 주가 되는 삶을 살아갈 것이다.

(2) 일간과 지지

일간(日干)은 오화(午火)에 앉아 있으니 제왕(帝旺)이라 왕성한 활동을 하는 사람이며 이는 년지(年支)에서도 보이니 왕성함이 배가 되며 월지(月支)에서 사화(巳火) 건록(建祿)을 보니 만남이 중요한 삶의 테마가 되는 것으로 보인다.

(3) 주변 인물과의 관계

년간(年干)의 비견(比肩)은 나와 같이 제왕(帝旺)에 앉아 있으니 내가 만나는 사람은 나와 같은 성향인 왕성한 활동을 하는 사람들이며, 그 무토(戊土)가 나의 일지(日支)와의 관계도 제왕(帝旺)이니 내가 만나는 사람은 서로에게 왕성함의 영향을 주는 관계이다.

(4) 학문과의 관계

나의 학문인 정화(丁火)는 제왕(帝旺)에 앉아 있으니 나는 학문을 왕성하게 연구하는 사람이며, 정화(丁火)가 지지(地支)에서 오화(午火) 건록(建祿)을 보니 그러한 학문을 한두 번쯤은 반드시 만나게 된다. 그리하여 원래는 수학을 전공하였지만 다른 학문도 필연적으로 만나게 되는 것이다.

(5) 사주의 특징

이 사주(四柱)는 지지(地支)에 인성(印星)만 있으니 정편인(正偏印)을 반드시 만나게 되고, 식상(食傷)인 금(金)은 창조와 즐거움, 재성(財星)인 수(水)는 정신적인 만남과 왕성함, 관성(官星)인 목(木)은 창조와 즐거움 만나는 사람인 비겁(比劫)은 왕성함과 만남이다.

9-7.
중국의 유명 바둑 선수 - 구리

○   임(壬)   계(癸)   임(壬)
○   술(戌)   축(丑)   술(戌)

우리나라의 바둑 천재 이세돌의 라이벌로 중국의 유명한 바둑 선수이다. 칭화대학에서는 체육학 전공이 아니라 역사학을 전공하였으며 이세돌과의 상대 전적은 25승 23패 1무로 우세하나 두 사람의 10번기에서는 이세돌이 6승 2패로 승리하게 된다.

(1) 일간과 십성

속 깊은 임수(壬水) 일간(日干)이 천간(天干)에서 겁재(劫財)와 나와 같은 임술(壬戌) 비견(比肩)을 만나니 이 사람의 삶은 나와 같은 바둑에 종사하는 경쟁자와 친구들을 만나는 것이 나의 삶을 관통하는 주제이며 지지(地支)의 관(官)으로 명예도 얻을 수 있는 삶이다.

(2) 지지와의 관계

지지(地支)에 일지(日支)와 년지(年支)에서 관대(冠帶)를 두니 일생이 폼 나는 또는 나름대로 으스댈 수 있는 삶이며 월지(月支)에 쇠(衰)를 보니 정신적인 배움과 가르침이 주가 되는 삶이다.

(3) 주변 인물과의 관계(비견)

년간(年干) 임수(壬水) 비견(比肩)이 나와 같은 술토(戌土)에 앉아 있으니 나와 같은 사람을 만날 것이다. 그 임수(壬水) 역시 술토(戌土) 관대(冠帶)에 앉아 있으니 폼 나는 사람일 것이며 일간(日干)이 보아도 술토(戌土)가 같은 관대(冠帶)이니 이 사람으로 내가 폼이 나기도 하지만 비견(比肩) 임수(壬水)가 나의 지지(地支)를 볼 때에도 관대(冠帶)를 보니 그 사람도 나 때문에 폼이 나는 영향을 미치는 것이다.

(4) 주변 인물과의 관계(겁재)

나의 경쟁자 겁재(劫財)는 계축(癸丑)으로 관대(冠帶)에 앉아 있으니 나의 경쟁자도 폼 나는 사람이며 일간(日干)이 볼 때에는 쇠지(衰地)라 경쟁자들이 나에게 정신적인 가르침을 주고 겁재(劫財)가 나의 일지(日支)를 볼 때에도 쇠지(衰地)라 나 역시 그들에게 같은 영향을 미친다.

(5) 사주의 특징

기타의 천간(天干)과 지지(地支)에 없는 십성(十星)을 대입해 보면 모든 성향이 나타나게 된다. 인성(印星)은 금(金)이라 폼도 나고 배움과 가르침이 주가 되며, 능력인 식상(食傷), 재물인 재성(財星), 명예인 관성(官星) 모두가 폼 나고 가르침의 영향을 주게 된다.

9-8.
한국의 피아니스트 겸 지휘자 - 김선욱

- 정(丁)　병(丙)　무(戊)
- 미(未)　진(辰)　진(辰)

김선욱은 어려서부터 피아노를 배우기 시작하여 18세에 리즈 국제 피아노 콩쿠르에서 최연소 겸 아시아인 최초로 우승함으로써 세계적인 명성을 얻게 되고, 이후 세계적인 오케스트라와 많은 협연을 한 한국이 낳은 유명한 음악가이다. 이후 2013년 영국 왕립음악원에서 지휘과 석사를 받음으로써 어릴 적부터의 꿈이었던 지휘자로 들어서게 된다.

(1) 일간과 십성

일간(日干)은 정직한 정화(丁火) 일간(日干)이고 천간(天干)에서는 나의 경쟁자인 병화(丙火)를 만나고 또 천간(天干)에서 나의 능력인 상관(傷官)을 만나는데 지지(地支)가 온통 식상(食傷)이라 이 사람은 경쟁자를 만나고 나의 능력을 발휘하는 것이 나의 삶의 주 테마가 되는 사람이다.

(2) 일간과 지지

 일간(日干)은 미토(未土) 관대(冠帶)에 앉아 있으니 폼 나는 삶이며, 년지(年支) 월지(月支)가 쇠지(衰地)라 배우고 가르침이 주가 되는 삶이다. 상관(傷官)도 관대(冠帶), 겁재(劫財)도 관대(冠帶), 나도 관대(冠帶)에 앉아 있는 특이한 구조다. 지휘하는 것을 보면 폼 나는 이유를 알 수 있다.

(3) 능력 발휘와 상호 영향

 년간(年干)의 상관(傷官)은 나의 능력을 발휘하는 것인데 상관(傷官) 무토(戊土)가 관대(冠帶)에 앉아 있으니 나의 능력이 폼이 날 것이며, 일간(日干)이 년지(年支)를 보니 쇠(衰)라 나는 나의 능력을 갈고 닦는 사람이며, 그 상관(傷官) 무토(戊土)가 나의 일지(日支)와의 관계도 쇠(衰)가 되니 나는 나의 능력을 갈고 닦는 사람이 된다.

(4) 경쟁자와의 관계

 나의 경쟁자인 병화(丙火) 역시 관대(冠帶)에 앉아 있으니 내가 만나는 사람들이나 경쟁자들 모두 대단한 사람들일 것이며 나의 일지(日支)와의 관계는 쇠지(衰地)이니 나와 경쟁자들과의 관계는 서로 배우고 가르침을 주는 관계일 것이다.

(5) 사주의 특징

이 사주(四柱)는 지지(地支)에 토(土)만 있으므로 천간(天干)으로 인성(印星)이 와도 폼과 배움, 재성(財星)이 와도 폼 나고, 관성(官星)도 폼 나는 사주(四柱)이다.

9-9.
희대의 전과자 살인마 - 유○○

| ○ | 무(戊) | 경(庚) | 경(庚) |
| ○ | 진(辰) | 진(辰) | 술(戌) |

유○○은 2003년 9월부터 2004년 7월까지 1년간에 걸쳐 20명을 살해한 희대의 연쇄 살인범이다. 2005년 대법원에서 사형이 확정되어 현재까지 교도소에서 복역 중이다. 복역 중에도 뉘우침이나 반성의 태도를 보이지 않고 난동을 부리는 등의 일탈 행위를 저지르는 것으로 알려졌다.

이러한 사주(四柱)를 가진 사람이 우리나라에 수십 명이 있겠지만 모두가 나름대로 다른 삶을 살고 있을 것이기에 가정 환경이나 사회적 경험 또는 교육이 얼마나 한 사람의 인생에 중요한 영향을 미치는지 알 수 있으며, 어느 누구도 사주를 보고 그 사람의 미래를 정확하게 점칠 수 없다는 것을 알 수 있다.

간단하게 관계론에 의거하여 풀이할 것이다.

(1) 일간과 십성

듬직한 무토(戊土) 일간(日干)이 천간(天干)에서 경금(庚金) 식신(食神)만 만나고 지지(地支)에서는 비견(比肩)뿐이니 이 사람의 삶은 나의 능력을 발휘하면서 사람들을 만나는 것이 주된 테마가 될 것이다.

(2) 일간과 지지

일간(日干) 무토(戊土)가 지지(地支)에서는 관대(冠帶)와 묘(墓)를 만나니 실질적으로나 정신적으로 폼 잡는 으스대는 삶을 살 것이다.

(3) 천간 십성의 특징

년간(年干)과 월간(月干)의 경금(庚金)은 지지(地支)에서 진술(辰戌)을 보니 양(養)과 쇠(衰)라 나는 나의 능력을 잘 갈고 닦는 사람이다.

(4) 사주의 특징과 삶의 예측

지지(地支)에 이러한 진술(辰戌)을 깔고 있는 사주(四柱)는 인성(印星) 능력 재물 직장 모든 것들이 폼 나며 남들에게 가르치는 전형적인 성직자의 사주(四柱)이지만 누구도 이 사람이 희대의 살인마라는 것을 추리하기 어려울 것이다. 설령 추리한다고 하여도 그럼 다른 삶을 사는 사람들은 어떻게 설명할 것인가.

9-10.
조직 폭력배 두목 - 조○○

○   계(癸)   정(丁)   기(己)
○   축(丑)   축(丑)   축(丑)

조○○은 유명한 조직 폭력배의 두목으로 여러 죄목으로 근 20여 년간의 옥중 생활을 한 범죄자였으나 말년에는 신학대학원에서 석사학위를 받아 선교사의 길을 가고 있다. 젊어서는 본인 이름을 딴 조직폭력배를 조직하여 범서방과 김태촌과의 난투극도 유명하다. 개신교의 목사로 활동도 하였으나 현재는 목회직도 박탈당하여 선교 활동을 하는 것으로 알려져 있다.

(1) 일간과 십성

일간(日干)은 발랄한 계수(癸水) 일간(日干)으로 천간(天干)에서 편재(偏財) 정화(丁火)를 만나고 편관(偏官) 기토(己土)를 만나는데 지지(地支)는 온통 편관(偏官) 축토(丑土)만 있다. 이 사람의 삶은 큰돈도 만져 보지만 나머지는 모두 편관(偏官)을 만나는 삶이다. 이 편관(偏官)이 나에게 영향을 미치는 것이 아니라 내가 남에게 그러한 영향을 미치는 독특한 삶이다. 과연 이와 같은 사주(四柱)를 가진 다른 사람들은 어떤 삶을 살고 있을까.

(2) 일간과 지지

일간(日干)은 축토(丑土) 관대(冠帶)에 앉아 있으니 폼 나는 삶이며, 년지(年支) 월지(月支)가 모두 축(丑)으로 같은 관대지(冠帶地)라 오로지 폼생폼사의 삶이다.

(3) 편관의 특징

년간(年干)의 편관(偏官)은 나의 직장이나 팬들 아니면 인내와 희생 공포인데 묘(墓)에 앉아 있으며 다른 원지(原支)나 일지(日支)가 모두 축토(丑土)로서 묘(墓)를 보고 있으니 정신적으로 으스대는 편관(偏官)이다. 그러나 일간(日干)이 볼 때에는 관대(冠帶)라 나의 편관(偏官)이 실질적으로도 폼 나는 편관(偏官)이다.

(4) 편재의 특징

월간(月干)의 편재(偏財)는 재물이나 이성으로서 축토(丑土) 묘(墓) 위에 있으며 다른 지지(地支)에서도 묘(墓)를 보고 있으니 나의 재물은 정신적으로 폼 나는 형상이다. 나와의 관계는 일간(日干)이 관대(冠帶)를 보니 나의 편재(偏財)는 남에게 으스댈 수 있는 수준이다.

(5) 사주의 특징과 시사점

이 사주(四柱)는 지지(地支)에 축토(丑土)만 있으므로 천간(天干)으로 식상(食傷)이나 재성(財星) 관성(官星)이 들어와도 전부 관대(冠帶)와 묘(墓), 아니면 양(養)과 쇠(衰)이니 모든 것이 폼 나고 능력 있는 것으로 판단이 된다. 다시 한번 사주(四柱)의 구성보다도 자라 온 환경과 교육의 중요성이 그 사람의 미래를 좌우한다는 깊은 깨우침을 주는 사주(四柱)이다.

9-11.
세계적인 부호이자 기업인 - 빌 게이츠

○ 임(壬) 병(丙) 을(乙)
○ 술(戌) 술(戌) 미(未)

마이크로소프트를 창업한 미국의 기업가로 부유한 집안에서 태어나 하버드 대학에 진학하였으나 재학 중에 컴퓨터 소프트웨어 회사 설립을 위해 자퇴한다. 이후 1980년대 후반부터 세계 최고의 갑부 반열에 올라서서 근 20여 년간을 세계 1위의 부호로서 군림한 기업가이자 최고의 자선 사업가이기도 하다.

(1) 일간과 십성

속 깊은 임수(壬水) 일간(日干)이 천간(天干)에서 편재(偏財)와 상관(傷官)을 만나고 지지(地支)에서는 온통 관성(官星)만 만나는 사주(四柱)이다. 나의 능력을 발휘하여 재물을 이루고 직장이나 명예를 얻는 사주(四柱)이다.

(2) 지지와의 관계

지지(地支)에 일지(日支)와 월지(月支)에서 관대(冠帶)를 두니 폼 나는 또는 나름대로 으스댈 수 있는 삶이며 년지(年支)에 쇠(衰)를 보니 정신적인 배움과 가르침이 주가 되는 삶이다.

(3) 능력과 학문

년간(年干) 을목(乙木) 상관(傷官)은 나의 능력인데 미토(未土) 양(養)에 앉아 있으며 일지(日支) 월지(月支)에서 묘(墓)를 보고 있으니 나의 능력은 배움과 가르침이며 정신적으로 폼 나는 능력이다. 일간(日干)이 미토(未土)를 보면 역시 양(養)이니 능력의 갈고 닦음이 좋은 사주(四柱)이다.

(4) 재물의 특징

재물인 편재(偏財)는 술토(戌土) 묘(墓)에 앉아 있으며 년지(年支)에서는 관대(冠帶)이니 나의 재물은 정신적으로 폼 나는 수준이며 실제로도 으스댈 수 있는 수준이다.

(5) 사주의 특징

기타의 천간(天干)과 지지(地支)에 없는 십성(十星)을 대입해 보면 모든 성향이 나타나게 된다. 인성(印星)은 금(金)이라 학문이 폼도 나고 배움과 가르침이 주가 되며, 식신(食神) 역시 갈고 닦음이 빛나며, 관성(官星) 역시 폼 나는 사주(四柱)이다.

9-12.
혁신의 아이콘 - 스티브 잡스

| ○ | 병(丙) | 무(戊) | 을(乙) |
| ○ | 진(辰) | 인(寅) | 미(未) |

스티브 잡스는 애플의 공동 창립자이자 CEO였던 미국의 혁신적인 기업인이었다. 대학을 진학하려 하지 않았으나 부모의 권유로 포틀랜드의 리드 대학교에 입학하여 철학을 공부하였지만 결국 중퇴한다. 이후 게임 회사에 입사하여 일하다가 애플을 창업하게 된다. 세계적인 기업가이지만 히피 생활도 하고 불교에도 깊이 빠지게 된다. 스티브 잡스는 뛰어난 창의력과 노력으로 기업의 가치를 높인 IT업계의 풍운아였다.

(1) 일간과 십성

일간(日干)은 화끈한 병화(丙火) 일간(日干)으로 천간(天干)에서 식신(食神)과 정인(正印)을 보고 지지(地支)에서는 편인(偏印)과 식상(食傷)을 보니 이 사람의 삶은 학문과 전문적인 분야의 일을 하면서 자기의 능력을 발휘하는 삶이다.

(2) 일간과 지지

일간(日干)은 진토(辰土) 관대(冠帶)에 앉아 있으니 폼 나는 삶이며, 년지(年支)에서 쇠(衰)를 보니 배움과 가르침의 삶이며 원지(原支)에서 인목(寅木) 장생(長生)을 보니 무언가를 창조적으로 만들어 내는 삶이다. 컴퓨터에서 아이폰의 등장은 대혁명이었으며 디자인에서도 놀라운 능력을 발휘한다.

(3) 학문과 능력(정인)

년간(年干)의 정인(正印)은 학문이라 양지(養地)에 앉아 있으며 일간(日干)이 보아도 쇠지(衰地)이니 나의 학문이나 배움은 항상 갈고 닦는 관계이며, 월지(月支)에서 인목(寅木) 제왕(帝旺)을 보니 나의 분야에서 왕성함을 보이고 일지(日支)와는 관대(冠帶)이니 나의 학문이나 배운 기술은 폼 나는 것이다.

(4) 능력(식신)

나의 능력인 월간(月干) 무토(戊土) 식신(食神)은 장생(長生)에 앉아 있으니 끊임없이 창조하는 능력이며 년지(年支)에서 쇠(衰)를 보니 나의 능력을 갈고 닦으며, 일지(日支)와의 관계는 관대(冠帶)라 나의 능력이 폼 난다고 보아야겠다.

(5) 사주의 특징

　천간(天干)에 없는 재성(財星)을 대입하면 양(養) 절(絶) 관대(冠帶) 묘(墓) 태(胎) 쇠(衰)의 12운성(運星)이 보이는데 정편(正偏)으로 나누어 판단해 보면 되고, 나머지 십성(十星)도 대입하면 많은 이야기가 나오게 된다.

9-13.
한국의 기업인, 삼성그룹의 창업자 - 이병철

임(壬)　무(戊)　무(戊)　경(庚)
술(戌)　신(申)　인(寅)　술(戌)

호암 이병철은 대한민국의 제조업의 근간을 이루는 많은 사업들을 시작하여 삼성그룹이 세계적인 기업으로 성장하는 기틀을 마련한 한국의 최고의 기업인이다. 일본의 와세다 대학교 정치경제학과에 입학했다가 2년여를 공부하다가 중퇴했다. 젊어서는 약간의 한량으로 지내기도 하였으나 뜻한 바 있어 사업을 시작하였다. 그의 가업은 아들 이건희가 2대 총수를 지냈으며 지금은 손자 이재용이 3대 그룹 총수를 맡고 있다.

(1) 일간과 십성 구성

일간(日干)은 든든한 무토(戊土)이고 천간(天干)에서 비견(比肩), 식신(食神), 편재(偏財)를 만나고, 지지(地支)에서는 역시 비견(比肩)과 식신(食神), 편관(偏官)을 만나니, 이 사람의 삶은 사람을 만나는 것이 아주 중요한 포인트가 되고 나의 능력을 발휘해서 재물을 모으고 정신적인 품을 잡으면서 무언가를 만들어 내는 삶이다.

(2) 일간과 지지

일간(日干)은 신금(申金)에 앉아 있으니 병지(病地)라 정신적인 창조의 삶이며 월지(月支)는 장생지(長生地)라 실질적으로 무언가를 만들어 내는 삶이며, 년지(年支) 시지(時支)의 묘(墓)로 정신적인 프라이드를 갖는 삶이다.

(3) 주변 인물과의 관계(비견)

내가 만나는 사람인 월간(月干)의 무토(戊土)는 생지(生地)에 앉아 있으니 창조하는 삶을 사는 사람이며, 나에게도 그러한 영향을 미치고 있다. 년지(年支) 시지(時支)의 묘지(墓地)로 정신적으로 으스대는 사람들이며, 나는 그들에게 정신적인 창조의 영향을 미치고 있다.

(4) 능력(식신)

나의 능력인 식신(食神) 경금(庚金)이 술(戌)에 앉아 있고 시지(時支)에서도 술(戌)을 보니 쇠지(衰地)라 나는 나의 능력을 정신적으로 잘 갈고 닦는 사람이며, 또한 식신(食神)이 일지(日支)의 건록(建祿)과 월지(月支)의 절(絶)을 만나므로 나의 식신(食神)적인 능력을 반드시 한두 번쯤은 만나게 된다.

(5) 재물의 특징

시간(時干)에 있는 재물 임수(壬水)는 시지(時支)와 년지(年支)에서도 관대(冠帶)에 앉아 있으니 나의 재물은 폼 나는 재물이며 월지(月支) 일지(日支)에서 병(病)과 장생(長生)이라 나는 이 재물을 실질적으로나 정신적으로 창조해 내는 능력이 있는 사람이다.

(6) 사주의 특징

천간(天干)에 없는 인성(印星)을 보면 학문은 내세울 정도는 아니나 재미있게 배우는 사람이며, 관성(官星)은 활발한 운동을 하면서 반드시 만나게 되어 있는 사주(四柱)이다.

9-14.
한국이 낳은 세계적인 음악 프로듀서 - 방시혁

○   임(壬)   무(戊)   임(壬)
○   신(申)   신(申)   자(子)

방시혁은 대한민국의 작곡가이자 기업인으로서 현재는 Hybe의 총수이다. 어릴 때부터 음악에 관심이 있었으나 학업은 서울대학교에서 미학을 전공하게 되었다. 그러던 중에 음악경연대회에서 입상을 계기로 본격적인 음악 활동을 하게 된다. 이후 JYP의 박진영에게 발탁되어 프로듀서의 길로 접어들게 된다. 박진영과 헤어진 후 빅히트엔터테인먼트를 설립하여 방탄소년단이 세계적인 성공을 거두었고 사명을 바꾸어 현재는 Hybe의 총수이자 이사회 의장을 맡고 있는 한국의 대표적인 음악인이자 기업인이다.

(1) 일간과 십성

일간(日干)은 속 깊은 임수(壬水)이고 천간(天干)에서 비견(比肩)과 편관(偏官)을 만나고 지지(地支)에서는 편인(偏印)과 겁재(劫財)를 두고 있으니, 이 사람의 삶은 사람을 만나는 것이 아주 중요한 포인트가 되고, 대단한 관(官)을 세울 것이며, 자신만의 편인(偏印)적인 전문성이 항상 분출하는 삶을 사는 사람이다.

(2) 일간과 지지

일간(日干)은 신금(申金)에 앉아 있으니 장생지(長生地)라 무언가를 만들어 내는 창조의 삶이며 월지(月支) 역시 장생지(長生地)라 그러한 창조성이 배가 되며, 년지(年支)의 제왕(帝旺)으로 활발한 활동을 하는 삶이다.

(3) 주변 인물과의 관계(비견)

내가 만나는 사람인 년간(年干)의 임수(壬水)는 제왕(帝旺)에 앉아 있으니 활발한 활동을 하는 사람이며 나에게도 그러한 영향을 미치고 있다. 월지(月支)와 일지(日支)의 장생지(長生地)로 내가 만나는 사람도 창조적인 사람이며 나와의 관계도 그런 창의적인 영향을 미치고 있다. 이는 박진영과의 관계에서 여실히 드러난다.

(4) 명예(편관)

나의 명예인 편관(偏官)은 병지(病地)에 앉아 있으며 나와의 관계도 병지(病地)이니 정신적인 창조의 관계이며, 년지(年支)의 태지(胎地)를 보아도 이 사람의 명예는 철저히 정신적인 창조와 관련이 깊은 삶이다.

(5) 사주의 특징

천간(天干)에 없는 인성(印星)을 보면 편인(偏印)적인 전문성은 반드시 만나게 되고, 정인(正印)적인 학문은 활발하면서도 창의적이다. 나의 능력을 발휘하는 식신(食神)은 즐거우면서도 정신적인 만남이며, 재성(財星)은 정신적인 창조와 즐거움으로 설명된다.

9-15.
대한민국의 가수이자 프로듀서 기업인 - 박진영

○   임(壬)   경(庚)   신(辛)
○   신(申)   자(子)   해(亥)

박진영은 어릴 때부터 춤에 재능을 보인 것으로 보인다. 학업에도 뛰어난 성적을 거두어 연세대 지질학과에 입학하고 졸업 후 가수로 데뷔하고는 경기대 대학원을 수료하고 다시 연세대 대학원에서 국제정치학을 편입하였으나 중퇴한다. 가수로 데뷔하여 나름대로 성공을 거두고 연예기획사인 JYP 엔터테인먼트를 설립한다. 많은 가수들을 키워 냈으며 미국으로 진출 등의 성과도 거둔 한국의 대표적인 가수이자 연예기획자이다.

(1) 일간과 십성

일간(日干)은 속 깊은 임수(壬水)이고 천간(天干)에서 정인(正印)과 편인(偏印)을 만나고 지지(地支)에서는 편인(偏印)과 비견(比肩) 겁재(劫財)를 만나는 단순한 구조의 사주(四柱)이다. 시주(時柱)를 모르나 금수(金水)로만 이루어진 양신성상격(兩神成象格)의 좋은 사주(四柱)이다.

(2) 일간과 지지

일간(日干)은 신금(申金)에 앉아 있으니 장생지(長生地)라 무언가를 만들어 내는 창조의 삶이며 월지(月地)의 제왕(帝旺)으로 왕성한 활동을 하는 삶이며 년지(年地)의 건록(建祿)으로 만남이 주가 되는 삶을 사는 사람이다.

(3) 학문(정인)

나의 학문인 정인(正印)은 목욕(沐浴)에 있으니 즐거움이요, 나와의 관계는 건록(建祿)이니 학문을 반드시 만나게 되어 있다. 월지(月地)에서 장생(長生)을 만나니 학문의 창조성이 강하고 일지(日地)와는 제왕(帝旺)이라 왕성하게 활동을 하는 사람이다.

(4) 전문 영역(편인)

나의 전문 영역인 편인(偏印)은 정신적인 즐거움을 주는 능력이며 년지(年地)에서 병지(病地)를 보니 정신적인 창조의 전문 능력이며 일지(日地)에서 건록(建祿)을 보니 그러한 나의 전문 영역을 반드시 만나게 되는 삶이다.

(5) 사주의 특징

　천간(天干)에 없는 식상(食傷)을 보면 창조와 즐거움, 재성(財星)과 관성(官星)은 정신적인 왕성함과 만남, 그리고 비겁(比劫)은 만남이 주가 되는 삶이다. 지지(地支)로 들어오는 인성(印星)은 반드시 만나게 되어 있고, 식상(食傷)은 정신적인 것이며, 재성(財星)은 창조와 즐거움, 관성(官星)은 폼 나며 즐거움이 있는 삶이다.

9-16.
할리우드 대표 명배우 - 알 파치노

○ 무(戊) 경(庚) 경(庚)
○ 술(戌) 진(辰) 진(辰)

알 파치노는 미국 뉴욕 태생의 세계적인 배우이자 영화감독이다. 어려서부터 연극계에서 활동하였고 연기 학원을 다니곤 했으나 상당히 불우한 어린 시절을 보낸 것으로 보인다.

할리우드에서 배우로 시작한 후부터는 강렬하고도 카리스마 있는 연기력으로 연기파 배우의 끝판왕 소리를 듣는 배우이다. 연극계와 영화계 두 분야에서 최정상의 성공을 거두었으며 미국의 삼대 영화제의 주연배우상을 모두 거머쥔 불세출의 배우이다. 그의 대표작으로는 유명한 대부와 아카데미 주연상을 안겨준 여인의 향기 등이 있다.

앞에서 살펴본 한국의 살인마 유○○과 거의 같은 사주(四柱)의 구성을 보이고 있다. 일지(日支)와 년지(年支)가 서로 바뀐 사주(四柱)인데 해석상으로는 그리 큰 차이가 없다.

(1) 일간과 십성

일간(日干)은 무던한 무토(戊土)이고 천간(天干)에서 식신(食神)을 만나고 지지(地支)에서 비견(比肩)만 만나는 특수한 구조이다. 이 사람의 삶은 나의 능력을 발휘하면서 사람들을 만나는 것이 주된 테마가 될 것이다.

(2) 일간과 지지

일간(日干) 무토(戊토)가 지지(地支)에서는 관대(冠帶)와 묘(墓)를 만나니 실질적으로나 정신적으로 폼 잡는 으스대는 삶을 살 것이다.

(3) 천간 십성의 특징

년간(年干)과 월간(月干)의 경금(庚金)은 지지(地支)에서 진(辰)을 보니 양(養)이라 나는 나의 능력을 잘 갈고 닦는 사람이며, 나와의 관계도 쇠(衰)이니 능력을 실질적으로나 정신적으로 갈고 닦는 사람이다.

(4) 사주의 특징

천간(天干)으로 비겁(比劫)이 들어오면 대단한 사람들일 것이며, 인성(印星)이 들어와도 역시 폼 날 수 있으며, 관성(官星)은 폼도 나지만 다루기도 잘 하며, 재물(財物) 역시 대단한 수준이 될 수 있다.

여기서의 대부분의 사주(四柱)는 시간(時干)을 모르기 때문에 3주(柱)만으로 해석을 하나 시주(時柱)에 따라서도 상당히 다른 삶이 될 수도 있을 것이다.

9-17.
미국의 배우 겸 감독 프로듀서 정치인
- 클린트 이스트 우드

- 신(辛) 신(辛) 경(庚)
- 사(巳) 사(巳) 오(午)

클린트 이스트우드는 미국 샌프란시스코에서 태어난 미국의 배우이자 감독으로 유명합니다. 1960년대 스파게티 웨스턴 3부작의 성공으로 국제적인 명성을 얻었으며, 1970년대와 1980년대에는 더티 해리와 같은 형사물로 유명해졌다. 이후에는 감독으로서도 두각을 나타내는데 〈용서받지 못한 자〉와 〈밀리언 달러 베이비〉로 아카데미 감독상과 작품상까지 수상한다. 그 외에도 '미스틱 리버', '아메리칸 스나이퍼', '허드슨 강의 기적', '매디슨 카운티의 다리', '그랜 토리노' 등의 작품을 노년이 되어서도 꾸준히 활동을 한 미국의 배우이자 거장 감독이다.

이 사주(四柱)는 천간(天干)에 금(金)만 보이고 지지(地支)에는 화(火)만 보이는 아주 특수한 구조의 사주(四柱)이다. 12운성(運星)적인 천간(天干) 지지(地支)의 관계성을 모른다면 참으로 해석하기가 난감한 사주(四柱)이다.

(1) 일간과 십성

일간(日干)은 멋쟁이 신금(辛金)이고 천간(天干)에서 비견(比肩)과 겁재(劫財)를 만나고 지지(地支)에서 관성(官星)만 만나는 특이한 구조이다. 이 사람의 삶은 나의 삶에 모멘텀이 될 만한 사람을 만나는 것과 나를 구속하는 어떤 것을 만나는 것이 주된 테마가 되는 삶이다.

(2) 일간과 지지

일간(日干) 신금(辛金)이 지지(地支)에서는 사(巳)와 병(丙)을 만나니 정신적인 즐거움과 창조를 하는 삶을 사는 사람이다.

(3) 주변 인물과의 관계

년간(年干)의 경금(庚金)은 내가 만나는 사람이거나 경쟁자로 지지(地支)에서 오(午)를 보니 목욕(沐浴)이라 즐겁게 사는 사람이며 나와의 관계는 병(丙)이라 정신적인 창조에 도움을 주는 사람이다.
월간(月干)의 신금(辛金)은 나와 같이 신사(辛巳) 월주(月柱)이므로 살아가면서 나와 같은 사람을 만나게 될 것이며 서로에게 같은 정신적인 영향을 미치는 사이이다.

(4) 사주의 특징

천간(天干)으로 식상(食傷)이 들어오면 모두가 절(絶)과 태(胎)라 나의 능력은 정신적인 활동의 왕성함과 정신적인 만남이 주가 되며, 재물(財物)은 창조와 즐거움이며, 관성(官星)은 반드시 만나게 되고, 인성(印星)도 반드시 만나게 되며 왕성함도 보이고 있다.

(5) 지지 십성과의 관계

지지(地支)에는 관성(官星)만 있으니 비겁(比劫), 식상(食傷), 재성(財星), 인성(印星)을 대입하면 심플하면서도 재미있는 결과를 보게 된다.

9-18.
생일이 같은 사주의 연예인 - 양정아, 박승수

| ○ | 신(辛) | 을(乙) | 신(辛) |
| ○ | 해(亥) | 미(未) | 해(亥) |

양정아와 김승수는 생일이 같으며 두 사람 모두 MBC 공채 탤런트 출신이다. 양정아는 결혼 후 이혼하였으나 슬하에 자녀는 없고, 김승수는 아직 미혼이다. 두 사람은 여러 작품에서 함께 출연하여 친한 친구 사이로 알려져 있으나 최근에는 SBS 예능 프로그램 '미운 우리 새끼'에 함께 출연하여 핑크빛 분위기를 자아내기도 했으나, 양정아는 방송에서 김승수의 고백을 거절하며 친구 사이로 남고 싶다는 뜻을 밝혔다.

일간(日干)이 비견(比肩)을 만난다는 것은 나와 같은 사람을 만난다는 것인데 더군다나 나와 같은 일지(日地)를 가진 비견(比肩)을 만난다는 것은 나의 일주(日柱)와 같은 년주(年柱)나 월주(月柱)를 만난다는 것인데 이 사주(四柱)가 그러한 형상을 하고 있다.

(1) 일간과 십성

일간(日干)은 멋쟁이 신금(辛金)이고 천간(天干)에서 편재(偏財)와 비견(比肩)을 만나고 지지(地支)에서는 편인(偏印)과 상관(傷官)을 만나는 구조이다. 이 사람의 삶은 나와 같은 사람을 만나고 재물이나 이성을 만나며 지지(地支)의 편인(偏印)과 상관(傷官)으로 전문성을 발휘하면서 즐겁게 사는 삶이다.

(2) 일간과 지지

일간(日干)은 해수(亥水)에 앉아 있으니 목욕지(沐浴地)라 년지(年支)에서도 목욕(沐浴)을 보니 즐거움이 배가 되는 삶이며 편인(偏印)으로 전문성을 키워 나가는 사람이다.

(3) 주변 인물과의 관계(비견)

년간(年干)에 비견(比肩)이 있으니 나와 같은 사람을 만나는데 이 역시 나와 같은 신해(辛亥)라 즐거움이 주가 되는 사람이며 서로에게도 같은 영향을 미치는 관계이다.
두 사람의 사주(四柱)가 같으면서 나와 비슷한 사람을 만나는 사주(四柱)인데 둘이 모두 미우새까지 출연해서 다시 서로 만나게 되며 약간의 핑크빛 기류를 보이는 것은 사주(四柱)와 무관하지 않아 보인다.

(4) 재물의 특징

나의 재물은 쇠지(衰地)에 앉아 있으니 재물을 다루는 정신적인 능력이 있으며 또한 년지(年支) 일지(日支)에서 사지(死地)를 보니 정신적인 즐거움을 주는 재물이다.

(5) 사주의 특징

천간(天干)에 없는 인성(印星)과 관성(官星)은 정신적인 만남과 왕성함 그리고 갈고 닦음으로 나타나며, 나의 능력을 발휘하는 식상(食傷)은 왕성하며 만나게 되고 갈고 닦는 좋은 형상이다.

9-19.
대한민국 가수 출신의 멀티 엔터테이너 - 이효리

○ 정(丁) 기(己) 기(己)
○ 축(丑) 사(巳) 미(未)

이효리는 대한민국의 가수로 1998년 4인조 걸그룹 핑클의 리더로 데뷔하여 큰 인기를 누렸다. 2000년대를 주름 잡은 연예인이며 가수로서 대상을 여러 번 수상하였으며 연예 대상도 수상한 최초의 인물이다. 예능인, 광고 모델, 패션모델, 방송 MC 등 여러 분야에 소질을 발휘하고 있다.

섹시 이미지에 대한 부정적인 편견을 깨뜨렸으며, 다양한 문화를 선보이는 트렌드 스타이다. 이상순과 결혼하여 제주도에서 민박으로 방송을 진행했으며, 현재에도 멀티 엔터테이너로서 가수와 방송인으로 왕성한 활동을 하고 있다.
이 사주(四柱)도 특이한 구조로 지지(地支)에서 겁재(劫財) 하나를 보이고 나머지는 온통 식신(食神)으로 구성되어 있다. 역시 12운성(運星)적인 관계성을 모르면 이 사주(四柱)에 대하여 해석하기 쉽지 않다.

(1) 일간과 십성

일간(日干)은 정직한 정화(丁火)이고 천간(天干)에서 식신(食神)만 만나고 지지(地支)에서는 겁재(劫財) 하나를 만나고 나머지는 천간(天干)과 같은 식신(食神)만 만나고 있다. 내뿜는 기가 강한 사주(四柱)이며 약간의 고집도 있으며, 능력 발휘와 왕성함이 삶의 주 테마를 이루고 있다.

(2) 일간과 지지

일간(日干)은 축토(丑土)에 앉아 있으니 묘지(墓地)라 정신적으로 폼을 잡는 삶이며 년지(年支)의 관대(冠帶)로 폼이 넘쳐나며 월지(月支)의 제왕(帝旺)으로 왕성한 활동이 주가 되는 삶을 사는 사람이다.

(3) 천간 십성의 특징

천간(天干)의 기토(己土)는 화토동법(火土同法)으로 일간(日干)과 같으니 이 사람의 능력인 식신(食神)은 폼도 나고 왕성함이 전부라고 볼 수 있다.

(4) 사주의 특징

나의 전문 영역인 편인(偏印)은 폼 나며 즐겁고, 재물을 창조하는 능력이 뛰어나며, 관(官)을 컨트롤하는 능력도 좋다.

(5) 지지 십성과의 관계

지지(地支)로 들어오는 것은 먼저 일간(日干)과 대입을 하고 천간(天干)에는 기토(己土)만 있으므로 해석이 간단해진다. 예를 들어 인성(印星)이 들어오면 병(病)과 사(死)이니 정신적인 창조와 즐거움이고, 비겁(比劫)은 만남과 왕성함이고, 재성(財星)이 들어오면 즐겁게 창조하고, 관성(官星)이 들어오면 정신적으로 왕성함과 만남의 운이 된다.

9-20.
같은 사주 다른 삶 - 고이즈미와 스티븐 호킹

○ 신(辛)   신(辛)   신(辛)
○ 유(酉)   축(丑)   사(巳)

고이즈미 준 이치로는 일본의 총리를 역임한 정치인으로 일본 역사상 가장 영향력 있는 총리 중 한 명으로 평가받는다. 재임 기간 중 경제 개혁과 뛰어난 외교 정책으로 일본의 정치와 사회에 큰 변화를 가져온 인물이다. 또한 강력한 리더십과 개혁적인 정책으로 그의 재임 기간 중의 성과는 일본 정치의 중요한 전환점으로 평가받고 있다.

스티븐 호킹은 영국의 이론 물리학자이자 우주론 학자로 루게릭병을 앓았음에도 불구하고 블랙홀, 우주론, 양자 중력 연구에 크게 기여했으며, 대중 과학 서적『시간의 역사』를 통하여 전 세계적으로 유명해졌다. 스티븐 호킹은 그의 뛰어난 과학적 업적과 불굴의 의지로 많은 사람들에게 영감을 주었으며, 20세기와 21세기를 통하여 아인슈타인 이후의 가장 영향력 있는 과학자로 기억되고 있다.

이 사주(四柱)는 천간(天干)은 비견(比肩)뿐이고 지지(地支)는 사유축(巳酉丑) 금국(金局)을 이루는 특이한 구조의 사주(四柱)이다.

(1) 일간과 십성

일간(日干)은 멋쟁이 신금(辛金)이고 천간(天干)에서 비견(比肩)만 두 개를 만나고 지지(地支)에서 비견(比肩)과 식신(食神) 상관(傷官)을 만나고 있다. 이 사람의 삶은 사람과의 만남이 주요 테마가 되며, 자기의 능력 발휘와 사회적 성공이 주된 테마가 되는 삶이다.

(2) 일간과 지지

일간(日干) 신금(辛金)이 지지(地支)에서는 건록(建祿)을 만나니 만남이 주가 되는 삶이며, 축토(丑土) 양지(養地)를 만나니 사람들에게 배우고 가르침이 주가 되며, 사화(巳火) 사지(死地)를 만나니 정신적인 즐거움이 주가 되는 사람이다.

(3) 주변 인물과의 관계(비견)

년간(年干)과 월간(月干)의 비견(比肩)은 내가 만나는 사람으로서 정신적인 즐거움을 추구하는 사람들이며, 배우고 가르치는 사람의 속성을 가지고 있으며 나에게 그러한 영향을 미치고 있다.

(4) 사주의 특징

천간(天干)으로 인성(印星)이 들어오면 유(酉)를 보면 장생(長生)과 사(死)라 창조와 정신적인 즐거움이며, 축토(丑土)를 보면 양(養)과 묘(墓)라 학문의 배움과 가르침으로 정신적인 즐거움을 얻으며, 사(巳)를 보면 건록(建祿)과 제왕(帝旺)이니 학문을 만나게 되고 왕성하게 활동을 하게 된다. 나머지 식상(食傷)과 재성(財星) 관성(官星)도 대입하면 재미있는 결과를 보이게 된다.

9-21.
털털하고 인간적인 방송인 - 홍진경

- ○   갑(甲)   임(壬)   정(丁)
- ○   인(寅)   자(子)   사(巳)

홍진경은 서울 출생의 모델, 방송인, 사업가이다. 고교 시절 슈퍼 모델 선발 대회에서 베스트 포즈상을 수상하며 모델로 데뷔했다. 이후 코미디, 영화, 가요 등 다양한 분야에서 활동하며 만능 엔터테이너로서의 면모를 갖추게 된다. 특히 솔직하고 거침없는 입담과 유쾌한 캐릭터로 많은 사랑을 받으며 많은 예능 프로그램에서 활동하고 있다. 홍진경은 사업가로서도 성공적인 행보를 걷고 있는데 본인의 이름을 딴 '주식회사 홍진경'을 설립하여 김치, 만두 등 다양한 식품을 판매하고 있으며 홈쇼핑에서도 큰 성공을 거둔 사업가이기도 하다.

이 사주(四柱)도 특이한 구조로 일주(日柱)는 갑인(甲寅), 월주(月柱)는 임자(壬子), 년주(年柱)는 정사(丁巳)로 각 주(柱)가 모두 같은 오행(五行)인 목(木), 수(水), 화(火)로 구성된 특이한 사주(四柱)이다.

(1) 일간과 십성

일간(日干)은 진취적인 갑목(甲木)이고 천간(天干)에서 편인(偏印)과 상관(傷官)을 만나고 지지(地支)에서는 비견(比肩)과 정인(正印) 식신(食神)을 만나고 있다. 이 사람의 삶은 만남이 주가 되며 나의 전문성을 활발하게 내뿜는 것이 주된 테마가 되고 있다.

(2) 일간과 지지

일간(日干)은 인목(寅木)에 앉아 있으니 건록(建祿)이라 만남이 주가 되고 목욕(沐浴)과 병지(病地)를 보니 정신적인 창조를 바탕으로 즐거움을 얻는 삶을 사는 사람이다.

(3) 능력 발휘(상관)

년간(年干)의 정화(丁火) 상관(傷官)은 나의 능력 발휘이니 제왕(帝旺)에 앉아 있으니 활발하며, 월지(月地)에서 절(絶)을 만나니 정신적인 만남이요, 일지(日地)와는 사지(死地)라 정신적인 즐거움을 주는 능력이다.

(4) 전문성(편인)

월간(月干)의 편인(偏印)은 전문 영역으로 제왕(帝旺)에 앉아 있으니 왕성하게 활동하는 전문성이며, 병지(病地)와 절지(絶地)를 만나니 정신적인 만남과 창조의 전문성이다.

(5) 사주의 특징

　천간(天干)에 없는 정인(正印)과 식신(食神)을 대입해 보고 나머지 없는 천간(天干)을 대입해 보면 이 사람의 전체적인 삶의 그림이 그려진다. 예를 들어 편재(偏財) 무토(戊土)를 대입해 보면 일지(日支)와 장생(長生)으로 사업적 기질이 자꾸 생겨나며, 정신적으로 왕성하며, 년지(年支)에서 건록(建祿)을 보니 반드시 만나게 되어 있다.

9-22.
간단하면서 특이한 사주 (四柱) - 나경원

○   계(癸)   계(癸)   계(癸)
○   미(未)   해(亥)   묘(卯)

나경원은 대한민국 정치인으로 판사 출신이다. 우리나라의 제17, 18, 19, 20, 22대 국회의원으로 5선의 관록을 자랑한다. 현재는 국민의 힘 의원이며 주요 경력은 대변인, 최고위원, 원내 대표 등을 지냈다. 보수 정당의 핵심 인물로 박근혜 전대통령의 측근으로 활동하였으며, 강직한 이미지를 가지고 있으면서도 예리한 언변과 직설적 화법으로 유명하다.

이 사주(四柱)도 특이한 구조로 천간(天干)에는 일간(日干)을 포함하여 비견(比肩)만 보이고 지지(地支)에서는 해묘미 삼합(三合)을 이루고 있는 사주(四柱)이다. 지지(地支)에서의 삼합(三合)은 운동성으로 갑목의 운동과 계수의 운동을 의미한다. 따라서 상관적(傷官的) 능력이 탁월할 것이고 비견(比肩)의 운동으로 강직한 성품을 가지게 된다. 나머지 천간(天干)의 비견(比肩)은 만나는 사람을 의미하지 주체성을 담보하지는 않는다.

(1) 일간과 십성

일간(日干)은 발랄한 계수(癸水)이고 천간(天干)에서 비견(比肩)을 두 개 만나고 지지(地支)에서는 편관(偏官), 겁재(劫財), 식신(食神)을 만나고 있다. 이 사람의 삶은 사람을 만나는 것이 주가 되며, 왕성하게 창조하여 정신적으로 폼을 잡는 것이 삶의 주된 테마가 되고 있다.

(2) 일간과 지지

일간(日干)은 미토(未土)에 앉아 있으니 묘지(墓地)라 정신적으로 으스대는 것이 주가 되고 제왕(帝旺)과 장생(長生)을 보니 무언가를 창조하면서 왕성하게 활동을 하는 삶을 사는 사람이다.

(3) 주변 인물과의 관계(비견)

년간(年干)과 월간(月干)의 비견(比肩)으로 살아가면서 모멘텀이 되는 사람을 만나게 되는데 그 사람들은 창조적인 사람과 왕성하게 활동을 하는 사람들이며, 그러한 성향을 나에게도 영향을 미치고 있다. 나는 그들에게 정신적인 과시의 영향을 미치고 있다.

(4) 관성의 특징

천간(天干)에 없는 관성(官星)을 대입해 보면, 정관(正官)인 무토(戊土)

는 쇠(衰), 절(絶), 목욕(沐浴)에 있고, 편관(偏官)인 기토(己土)는 관대(冠帶), 태(胎), 병지(病地)에 있다. 따라서 명예인 관성(官星)은 12운성(運星) 전 영역에 걸쳐서 있으니 흥망성쇠를 겪을 것이다. 식상(食傷)과 재성(財星) 인성(印星) 모두가 그러한 삶을 예고하고 있다.

(5) 사주의 특징

지지(地支)로 들어오는 재성(財星)은 태(胎)와 절(絶)이라 정신적 만남과 왕성함이고, 인성(印星)은 병(病)과 사라 정신적 창조에 의한 즐거움을 누리는 삶이다.

9-23.
시대의 영웅 서민적 대통령 - 노무현

병(丙)　무(戊)　병(丙)　병(丙)
진(辰)　인(寅)　신(申)　술(戌)

노무현은 대한민국의 제16대 대통령으로 사법시험을 통과하여 판사로 재직하다 부산에서 변호사로 활동하였는데 인권변호사로 명성을 얻었다. 제13대 국회의원으로 정계에 입문하여 청문회 스타로 깊은 인상을 남겼으며 2000년에는 해양수산부 장관을 역임하였다. 제16대 대통령 선거에서 국민 참여 경선을 통해 새천년민주당 대통령 후보로 선출되어 대통령에 당선된다. 재임 기간 동안 권위주의 청산, 지방 분권 강화, 과거사 청산, 사회 복지 확대 등 다양한 정책을 추진했으며, 한미 FTA 체결과 이라크 파병 등의 외교 정책을 추진했으며, 남북 정상 회담을 통해 10.4 남북 공동선언을 발표한 대한민국의 진보주의자이자 서민의 냄새를 풍긴 주관과 신념이 뚜렷한 대통령이었다.

이 사주(四柱)는 무토(戊土) 일간(日干)이 천간(天干)에서 3개의 병화(丙火)를 보고 있으나 화토동법(火土同法)으로 모든 천간(天干)은 지지

(地支)와의 관계에서 같은 12운성(運星)을 보이고 있는 심플한 관계이며, 4개의 지지(地支) 또한 인신충(寅申沖)과 진술충(辰戌沖)으로 정신과 육체의 관계만 다르지 같은 의미의 12운성적(運星的) 관계라서 더더욱 심플한 구조의 양팔통 사주(四柱)이다.

(1) 일간과 십성

일간(日干)은 듬직한 무토(戊土)이고 천간(天干)에서 편인(偏印)을 3개나 만나고 지지(地支)에서는 편관(偏官), 식신(食神), 비견(比肩)을 만나고 있다. 이 사람의 삶은 자기의 전문적인 영역 즉 법률가의 삶이 주가 되며, 사람들을 만나고 능력을 발휘하면서 관(官)을 취하는 것이 주된 삶의 테마가 된다.

(2) 일간과 지지

일간(日干)은 인목(寅木)에 앉아 있으니 생지(生池)라 창조하는 삶이며, 병지(病地)를 보니 정신적인 면이지만 역시 창조의 삶이며, 진(辰)과 술토(戌土)를 보니 실질적 정신적으로 으스대는 것이 주가 되는 삶이다.

(3) 편인의 특징

년간(年干)과 월간(月干) 그리고 시간의 편인(偏印)으로 이 사람의 삶은 자기의 전문가적 영역 즉 법률가의 삶이 주된 테마로 작용한다. 그리고 이 편인(偏印)이 일간(日干)과 같은 12운성(運星)으로 창조와 폼생폼사의 삶이다.

(4) 관성의 특징

천간(天干)에 없는 관성(官星)을 대입해 보면, 편관(偏官)인 갑목(甲木)은 반드시 만나게 되어 있으며 정관(正官)인 을목(乙木)도 폼 나며 왕성함을 자랑한다.

기축년(己丑年) 기사월(己巳月) 무진일(戊辰日) 임술시(壬戌時)에 토(土)의 기운이 하늘과 땅을 뒤덮는 시간에 그 무게를 견디지 못하고 생을 마감한다.

9-24.
세계에서 가장 빠른 사나이 - 우사인 볼트

○ 정(丁) 병(丙) 병(丙)
○ 유(酉) 신(申) 인(寅)

우사인 볼트는 자메이카의 은퇴한 육상선수로 역사상 가장 위대한 스프린터 중 한 명으로 널리 알려져 있다. 그는 올림픽에서 100m, 200m, 4×100m 계주에서 모두 금메달을 획득하며 올림픽 3관왕을 3회 연속으로 달성한 유일한 선수이다. 볼트는 2009년 베를린 세계 육상 선수권 대회에서 100m 9.58초, 200m 19.19초라는 놀라운 세계 기록을 세웠으며, 이 기록은 아직까지 깨지지 않고 있다. 그의 압도적인 속도와 카리스마 넘치는 경기 스타일은 전 세계 팬들에게 강력한 인상을 남겼으며, '인간 번개'라는 별명을 얻기도 했던 자메이카가 낳은 육상계의 전설이다.

이 사주(四柱)는 천간(天干)에서 겁재(劫財)만 만나고 지지(地支)에서 정재(正財), 편재(偏財), 정인(正印)을 만나지만 인신충(寅申沖)은 같은 의미를 가지므로 생각보다 단순한 구조의 사주(四柱)이다.

(1) 일간과 십성

일간(日干)은 반듯한 성품의 정화(丁火)이고 천간(天干)에서 겁재(劫財)만 만나고 지지(地支)에서는 편재(偏財), 정재(正財) 정인(正印)을 만나고 있다. 이 사람의 삶은 경쟁자들을 만나고 재물(財物)을 만나며 인간적인 삶을 사는 사람이다.

(2) 일간과 지지

일간(日干)은 유금(酉金)에 앉아 있으니 생지(生池)라 새로운 것을 만들어 내는 삶이며 목욕(沐浴)과 사지(死地)를 만나니 실질적으로 또한 정신적으로 창조를 바탕으로 즐거움을 얻는 삶을 사는 사람이다.

(3) 겁재의 상황

년간(年干)과 월간(月干)의 겁재(劫財)는 내가 만나는 경쟁자들이니 그들 또한 생지(生池)와 병지(病地)에 앉아 있으니 무언가를 창조하는 사람들이며 나의 일지(日支)가 유금(酉金)이니 나는 그들에게 정신적인 즐거움을 주는 영향을 미치고 있다.

(4) 재성의 특징

정재(正財)든 편재(偏財)이든 천간(天干)으로 들어오면 반드시 만나게 되고 인성(印星) 또한 천간(天干)으로 들어오면 반드시 만나게 된다.

(5) 사주의 특징

천간(天干)에 없는 상관(傷官)은 겁재(劫財)와 같고 식신(食神)은 일간(日干)과 같으니 대입이 편하다. 관성(官星)은 즐거움이요, 재성(財星)은 만남이며, 전문성인 편인(偏印)은 창조와 즐거움이다.

9-25.
한국이 낳은 세계적인 가수 - 싸이

○　임(壬)　임(壬)　정(丁)
○　술(戌)　자(子)　사(巳)

싸이는 대한민국의 대표적인 가수, 래퍼, 작사가, 작곡가 및 프로듀서이다. 본명은 박재상으로 서울 출생이다. 반포동에서 성장하였으나 공부를 위해 미국의 보스턴 대학으로 갔으며 음악을 좋아해 버클리 음대에 입학하여 여러 교과 과정을 수업받았다. 귀국하여 앨범을 발매하며 데뷔하여 나름의 성공을 거두었으나 2012년 '강남스타일'로 전 세계적인 성공을 거두게 된다. 강남스타일은 세계적인 뮤직비디오 차트에서 1위를 차지하면서 세계적인 음악상을 수상하기도 하여 개인뿐만 아니라 한국의 위상을 높이는 계기가 되었다.

이 사주(四柱)는 일주(日柱)가 관대(冠帶)라 무대에서 폼이 나며 년간(年干)의 정재(正財)도 제왕지(帝旺地)에 월간(月干)의 비견(比肩)도 제왕지(帝旺地)에 있는 재미있는 구조이다.

(1) 일간과 십성

일간(日干)은 속 깊은 임수(壬水)이고 천간(天干)에서 비견(比肩)과 정재(正財)를 만나고 지지(地支)에서는 편관(偏官), 겁재(劫財), 편재(偏財)를 만나고 있다. 이 사람의 삶은 사람을 만나는 것이 주가 되며, 근면 성실 치밀함의 정재(正財)를 왕성하게 하는 사람이며, 명예와 재적인 만남이 주된 삶의 테마가 되고 있다.

(2) 일간과 지지

일간(日干)은 술토(戌土)에 앉아 있으니 관대(冠帶)라 폼 나는 삶이며 왕성하게 정신적인 만남을 주로 하는 삶이다.

(3) 천간의 분석

년간(年干)의 정재(正財)는 재물(財物)이나 치밀함, 성실함으로 제왕지(帝旺地)에 앉아 있어 왕(성)함이고 월간(月干)의 비견(比肩)도 제왕(帝旺)에 앉아 있으니 내가 만나는 사람들도 왕성한 활동을 하는 사람이며, 나는 그들에게 으스댈 수 있는 여건을 마련해 주는 사람이다.

(4) 인종법

천간(天干)에 없는 편인(偏印)을 대입해 보면 나의 전문성을 창조해 내면서 즐겁게 갈고 닦는 사람이며, 학문도 폼 나는 정도이다. 나머지 천간(天干)을 대입하면 다른 면의 삶의 모습을 파악할 수 있다.

(5) 기타의 특징

지지(地支)로 들어오는 식상(食傷)은 병지(病地)와 사지(死地)라 창의적이며 즐거움이고, 인성(印星)은 목욕(沐浴)과 장생(長生)이라 역시 즐겁게 창조하는 삶이다.

9-26.
트로트계의 불출세의 영웅 - 임영웅

○　정(丁)　갑(甲)　신(辛)
○　사(巳)　오(午)　미(未)

　임영웅은 대한민국의 트로트 가수로, 1991년 경기도 포천에서 태어났다. 2020년 TV조선의 트로트 서바이벌 프로그램 '미스터트롯'에서 우승하면서 대중적인 인지도를 크게 얻었고, 이후 트로트뿐만 아니라 발라드, 팝 등 다양한 장르를 소화하며 폭넓은 팬층을 확보하고 있다. 또한 영웅시대라는 강력한 팬덤을 기반으로 음원 차트, 방송 출연, 광고 등에서 압도적인 영향력을 보여 주고 있으며, 팬덤을 기반으로 자발적인 기부, 봉사 활동 등 선한 영향력으로 사회 전반적으로 선한 영향력을 끼치고 있는 보기 드문 대한민국의 자랑스러운 풍운아다.

　이 사주(四柱)는 정화 일간(丁火 日干)이 지지(地支)에서 화의 방합(方合)을 이루고 있는 약간은 특이한 구조의 사주(四柱)로서, 무대에서 빛을 발할 수 있는 사주(四柱)다.

(1) 일간과 십성

일간(日干)은 바른 품성의 정화(丁火)이고 천간(天干)에서 정인(正印)과 편재(偏財)를 만나고 지지(地支)에서는 겁재(劫財)와 비견(比肩) 식신(食神)을 만나고 있다. 이 사람의 삶은 배움과 은인을 만나 재물을 이루어 많은 사람을 만나서 나의 능력을 발휘하는 것이 주된 삶의 테마가 되고 있다.

(2) 일간과 지지

일간(日干)은 사화(巳火)에 앉아 있으니 제왕(帝旺)이라 왕성한 활동을 하는 삶이며, 월지(月支)의 비견(比肩)으로 만남이 주가 되며, 년지(年支)의 관대(冠帶)로 폼 나는 삶을 사는 사람이다.

(3) 천간의 분석

년간(年干)의 편재(偏財)는 재물(財物)이 쇠지(衰地)에 앉아 있으니 재(財)를 다루는 정신적인 능력이 뛰어나고 월지(月支) 병지(病地)를 보니 정신적으로 재물의 창조에 능하며 일지(日支)가 사지(死地)이니 재물에 대하여 정신적인 즐거움을 보이고 있다.

월간(月干)의 정인(正印)은 사지(死地)에 앉아 있으니 학문이나 윗사람은 정신적인 안정을 주고 있으며, 년지(年支)의 묘(墓)와 일지(日支)의 병지(病地)로 정신적으로 창조와 폼 나는 사람이다.

(4) 인종법

 천간(天干)에 없는 편인(偏印)을 대입해 보면 목욕(沐浴)과 장생(長生) 양(養)으로 흐르니 나의 전문성을 창조해 내면서 역시 즐겁게 갈고 닦는 사람이며, 나의 능력을 발휘하는 식신(食神)과 상관(傷官)도 만남과 왕성함과 폼이 나고, 만나는 사람도 화토동법(火土同法)으로 같다고 보기에 왕성함과 만남이 주가 되는 폼 나는 사람들을 만나게 된다.

(5) 기타의 특징

 이 사주(四柱)는 지지(地支)에서 사오미 방합(巳午未 方合)을 이루고 있는 특이한 사주(四柱)이다. 조명이 화려하게 비치는 무대에서 자기의 온 능력을 발휘하는 사주(四柱)이며, 화기(火氣)는 또한 만나는 사람이니 무리 지어 팬덤이 형성되는가 보다.

9-27.
일본이 낳은 세계적인 야구선수 - 오타니 쇼헤이

- 임(壬) 경(경) 갑(갑)
- 진(진) 오(오) 술(술)

오타니 쇼헤이(大谷 翔平, Shohei Ohtani)는 일본 출신의 프로 야구 선수로, 메이저리그(MLB) 로스앤젤레스 에인절스 소속으로 활약하다가 2023년 말 LA 다저스로 이적했다. 그는 투수와 타자를 동시에 소화하는 이른바 "이도류(二刀流)" 선수로, 현대 야구에서는 매우 드문 사례이다.

오타니는 1994년 7월 5일 일본 이와테현에서 태어났으며, 일본프로야구(NPB) 홋카이도 닛폰햄 파이터스에서 데뷔한 뒤 2018년 MLB에 진출했다.

메이저리그에서는 2018년 아메리칸 리그 신인왕, 2021년 21세기 최초이자 131년 만의 '트리플 100'(100이닝 투구, 100탈삼진, 100안타) 달성, 단일 시즌 최초 '퀸터플 100'(100이닝 투구, 100탈삼진, 100타점, 100득점) 달성, 2022년 MLB 역사상 104년 만에 두 자릿수 승리-홈런 기록(15승-34홈런) 달성, 2023년 아시아인 최초 MLB 홈런왕(44홈런) 달성, 2024년

MLB 역사상 최초의 50홈런-50도루 클럽 가입 및 아시아인 최초 40-40 클럽 가입, 다저스 구단 단일 시즌 최다 홈런(54홈런) 기록. 또한 아시아 선수 최초로 30-30 클럽에도 가입했다.

오타니는 투수로서 165km/h에 달하는 강속구를 던지며, 타자로서도 뛰어난 장타력과 빠른 발을 겸비하여 야구 역사상 보기 드문 재능을 가진 일본이 배출한 세계적인 야구 선수이다.

(1) 일간과 십성

일간(日干)은 속 깊은 임수(壬水)이고 천간(天干)에서 편인(偏印)과 식신(食神)을 만나고 지지(地支)에서는 편관(偏官), 정재(正財), 편관(偏官)을 만나고 있다. 이 사람의 삶은 자기의 전문성을 발휘하는 것이 주가 되며, 정신적으로 왕성한 활동을 보이면서 정신적으로나 실제적으로 폼 나는 삶을 사는 사람이다.

(2) 일간과 지지

일간(日干)은 진토(辰土)와 술토(戌土)를 만나니 묘지(墓地)와 관대(冠帶)라 정신적으로나 실제적으로도 폼 나는 삶이며 오화(午火)의 태지(胎地)로 정신적으로 왕성하게 살아가는 삶이다.

(3) 천간의 분석

년간(年干)의 식신(食神)은 나의 능력을 발휘하는 것이니 양지(養地)에 앉아 있으니 능력 발휘를 잘하는 사람이며, 오화(午火)와 진토(辰土)를 만나므로 정신적인 즐거움과 만족을 얻는 사람이다.

월간(月干)의 편인(偏印)은 목욕지(沐浴地)에 앉아 있으니 나의 전문성으로 즐거움을 얻으며, 그 전문성이 양(養)과 쇠(衰)를 만나니 그 전문성을 아주 잘 다루는 사람이다.

(4) 인종법

천간(天干)에 없는 정인(正印)을 대입해 보면 나의 인성(印星)은 폼이 나며, 관성(官星)이나 재성(財星)은 명예나 재물이니 이 또한 으스댈 수 있을 정도이다. 삼주(三柱)에서는 보이지 않는 비견(比肩)과 겁재(劫財)를 대입해 보는 것도 재미있을 것이다.

(5) 기타의 특징

천간(天干)에서는 전문성과 능력 발휘가 보이고 지지(地支)에서는 진술충(辰戌沖)으로 12운성(十二運星)적으로는 같은 해석을 보이고 있다. 시간을 모르는 삼주(三柱)에서는 비견(比肩)과 겁재(劫財)가 보이지 않는 구조이다.

9-28.
한국이 낳은 세계적인 피겨 여왕 - 김연아

○ 계(癸) 갑(甲) 경(庚)
○ 유(酉) 신(申) 오(午)

김연아는 대한민국의 전 피겨스케이팅 선수로, 세계적으로도 널리 알려지고 인정을 받는 자랑스러운 한국인이다. 1990년에 태어났으며, 탁월한 기술력과 예술성을 겸비한 선수로 많은 업적을 쌓은 후 2014년에 은퇴했다.

그녀는 2010년 밴쿠버 동계올림픽에서 금메달을 획득하며 대한민국 최초의 피겨스케이팅 올림픽 금메달리스트가 되었고, 2014년 소치 동계올림픽에서는 은메달을 차지했다. 그리고 2009년과 2013년 세계 선수권 대회에서도 우승하며 전 세계 팬들에게 큰 감동을 주었다.

은퇴 후에는 다양한 사회공헌 활동과 광고 모델, 국제올림픽위원회(IOC) 활동 등을 통해 활약하고 있으며, 많은 사람들에게 영감과 귀감이 되는 인물로 한국이 자랑하는 대표적인 체육인이다.

이 사주(四柱)는 일주(日柱)가 병지(病地)라 정신적인 창조성을 가지고 있으며 현실적이기보다는 이상주의적 성향이다. 천간(天干)에서는 전형적인 상관패인(傷官佩印)의 좋은 구조를 가지고 있다.

(1) 일간과 십성

일간(日干)은 발랄한 계수(癸水)이고 천간(天干)에서 상관(傷官)과 정인(正印)을 만나고 지지(地支)에서는 편인(偏印), 정인(正印), 편재(偏財)를 만나고 있다. 이 사람의 삶은 능력 발휘와 학문이나 스승을 만나는 삶이며 전문성과 재물을 만나는 것이 삶의 주된 테마가 되고 있다.

(2) 일간과 지지

일간(日干)은 유금(酉金)에 앉아 있으니 병지(病地)라 정신적인 창조가 주가 되는 삶이며 왕성한 정신적인 만남으로 즐거움을 맞이하는 삶이다.

(3) 천간의 분석

년간(年干)의 정인(正印)은 학문이나 스승이니 즐겁고 반드시 만나게 되고 왕성함으로 설명이 되며, 나의 능력을 발휘하는 상관(傷官)은 정신적으로 왕성함과 만남 그리고 정신적 즐거움이 주가 되는 삶이다.

(4) 인종법

천간(天干)에 없는 편인(偏印)을 대입해 보면 나의 전문성을 반드시 만나게 되고 왕성함과 정신적 창조가 되는 삶이다. 계수(癸水) 일간(日干)에게는 재물과 관성(官星)이 같은 12운성(十二運星)이기 때문에 함께 추론해 본다면 정신적 창조와 즐거움 그리고 만남이 주가 되는 삶을 살 것이다.

(5) 기타의 특징

이 사주(四柱)는 자기의 능력을 발휘하는 상관(傷官)이 옆의 정인(正印)과 지지(地支)의 정인(正印)으로 상당히 위축되고 있는 상황인데도 엄청난 상관(傷官)적 능력을 보여 준다는 것은 다시 한번 음미해 볼 만하다.

9-29.
농구 천재 방송인 - 서장훈

```
○    을(乙)  기(己)  갑(甲)
○    해(亥)  사(巳)  인(寅)
```

서장훈은 대한민국의 전 농구 선수이자 현재 방송인으로 활동하고 있는 우리나라의 대표적인 체육인이다. 현역 시절 포지션은 센터였으며, 207cm의 큰 키를 자랑했다. 연세대학교 농구부에서 활약했으며, 1997년 청주 SK 나이츠에 입단하며 프로 생활을 시작했으며, 이후 서울 SK 나이츠, 서울 삼성 썬더스, 전주 KCC 이지스, 인천 전자랜드 엘리펀츠, 창원 LG 세이커스, 부산 KT 소닉붐 등 여러 팀에서 뛰었다. KBL에서 우승과 정규시즌 MVP 등 많은 수상 경력이 있으며, 국가대표로도 활약하여 2002년 부산 아시안 게임에서 금메달을 획득했다.

2013년 농구 선수 생활을 은퇴한 후 방송인으로 전향하여 더욱 많은 활동을 하고 있는 대한민국의 체육인이자 성공한 방송인이다.

이 사주(四柱)는 천간(天干)에서 겁재(劫財)가 편재(偏財)와 합을 하는 구조이며, 일지(日支)에서 사해충(巳亥沖)이라 거의 같은 지지(地支)로 볼 수 있고, 경쟁자인 겁재(劫財)가 뚜렷하게 나타나 있는 사주(四柱)이다.

(1) 일간과 십성

일간(日干)은 적응력 강한 을목(乙木)이고 천간(天干)에서 편재(偏財)와 겁재(劫財)를 만나고, 지지(地支)에서는 정인(正印)과 상관(傷官) 그리고 또다시 겁재(劫財)를 만나고 있다. 이 사람의 삶은 경쟁자를 만나고 재물을 만나면서 배움과 능력 발휘가 주된 삶의 테마가 되고 있다.

(2) 일간과 지지

일간(日干)은 해수(亥水)에 앉아 있으니 사지(死地)이고 월지(月支)에서 다시 사화(死化) 목욕(沐浴)을 만나니 정신적으로나 실제적으로 즐거움을 추구하면서 또한 왕성한 활동을 하는 삶이다.

(3) 천간의 분석

년간(年干)의 겁재(劫財)는 내가 만나는 경쟁자이니 건록(建祿)에 앉아 있어 반드시 만나게 되고, 일지(日支)와 월지(月支)의 영향으로 창조적인 삶을 사는 사람이며, 월간(月干)의 편재(偏財)는 재물(財物)이니 제왕지(帝旺地)에 앉아 있으므로 왕성함을 보이고 창조성도 보이고 있다.

(4) 인종법

천간(天干)에 없는 편인(偏印)을 대입해 보면 나의 전문성에 대하여 왕성함과 즐거움을 추구하는 사람이며, 명예인 관성(官星)도 정신적으로나 실질적으로 창조하는 사람이다.

(5) 기타의 특징

지지(地支)로 들어오는 재성(財星)은 양지(養地)와 쇠지(衰地)라 다루는 솜씨가 있으며, 또한 관대(冠帶)와 묘지(墓地)가 되니 남들에게 내세울 만한 정도는 될 것이다.

9-30.
한국 최고의 여성 - 이길여 박사

○ 갑(甲) 병(丙) 임(壬)
○ 진(辰) 오(午) 신(申)

이길여(李吉女, 1932년 6월 12일 출생)는 대한민국의 의사이자 교육자, 그리고 가천대학교의 총장으로, 의료와 교육 분야에서 선구적인 역할을 해온 인물이다. 이길여 총장은 1957년 서울대학교 의과대학을 졸업하고, 1958년 인천에 이길여산부인과를 개원하여 여성 의료 서비스의 질을 높이는 데 기여했다.

미국에서 수련 후 국내 최초의 의료법인 인천길병원을 설립했다.

이길여 박사는 교육 및 사회 공헌 활동으로 많은 훈장을 수여받았으며, 건강한 삶과 동안의 외모로도 많이 알려져 있다. 그녀의 삶은 많은 이들에게 귀감이 되고 있는 우리나라 의료 역사의 선구자이다.

이 사주(四柱)는 천간(天干)과 지지(地支)에서 인성(印星)과 식상(食傷), 그리고 재성(財星)과 관성(官星)을 만나나 비겁(比劫)이 보이지 않는 구조이다. 그러나 시지(時支)에서 보일 수도 있다.

(1) 일간과 십성

일간(日干)은 진취적인 갑목(甲木)이고 천간(天干)에서 편인(偏印)과 식신(食神)을 만나고 지지(地支)에서는 편관(偏官), 상관(傷官), 편재(偏財)를 만나고 있다. 이 사람의 삶은 자기의 전문성을 잘 발휘하면서 사회적인 명예와 재물을 만남이 주가 되는 삶이다.

(2) 일간과 지지

일간(日干)은 진토(辰土)에 앉아 있으니 쇠지(衰地)라 정신적 배움과 가르침이 주가 되며, 월지(月支)의 사지(死地) 년지(年支)의 절지(絶地)로 정신적인 만남과 즐거움이 주가 되는 이상주의자이다.

(3) 천간의 분석

년간(年干)의 편인(偏印)은 나의 전문성이니 의학이 어울리고 그 전문성이 장생지(長生地)에 있으니 그 전문성을 창조하는 사람이며 월지(月支)의 태(胎)로 정신적으로 왕성하게 활동하면서 그 전문성으로 정신적으로 으스댈 수 있는 사람이다.

월간(月干)의 식신(食神)은 나의 능력을 발휘하는 것인데 제왕(帝旺)에 앉아 있으니 그 능력 발휘가 왕성하면서 정신적으로 창조함과 폼이 나는 것을 설명해 준다.

(4) 인종법

천간(天干)에 없는 재성(財星)을 대입해 보면 만남과 왕성함, 창조와 즐거움, 재물의 다룸과 폼이 나는 삶이며, 관성(官星)을 본다면 큰 명예를 얻을 수 있으며 만나는 사람들은 현실적인 성향보다는 이상주의자들이 많은 스타일이다.

(5) 기타의 특징

시간을 모르는 삼주(三柱)만으로도 오행(五行)을 두루 갖추고 있으며 소위 말하는 편인도식(偏印倒食)의 구조를 천간(天干)에서 보이지만 편인(偏印)은 밥그릇을 뒤엎는 것이 아니라 식신(食神)을 자극하여 나의 능력 발휘를 더욱 빛나게 함을 보여 주고 있다.

후기(後記)

2007년에 겁도 없이 명리학에 관한 책을 『현대 명리학』이란 이름으로 출간했었다. 그 책은 명리학을 공부하고자 하는 초보자들을 위한 입문용이었으며 인터넷이나 기타의 명리서적을 참고한 것이었다.

다음으로는 중급용을 그리고는 고급용의 명리서적을 쓸려고 했으나 대부분의 명리를 공부하는 사람들처럼 중간 중간에 많은 의문으로 또 확신을 가지지 못하여 차일피일 미루어져 왔다.

그러던 중 12운성에 관하여 궁리가 깊어져 나름의 해법 비슷한 것을 찾아내고는 책을 빨리 출간하여 많은 사람들과 공유하고자 하였으나, 책을 1/3 정도를 쓴 후에 개인적인 일이 생겨 1년 동안 자리를 비우는 일이 생겨 조금은 늦어졌다.

이 책은 12운성에 대하여 새로운 아이디어를 제공한다. 그리하여 사주를 보는 방법에 또 다른 패러다임을 보여 준다.

누구든지 자기의 사주를 알면 자기가 어떤 사람인지, 나의 삶의 주요 테마가 무엇인지, 하늘이 나에게 내린 명령이 무엇인지를 조금은 알 수 있다.

아쉬운 것은 지장간(支藏干)의 12운성은 깊게 파고들지 못한 것이다. 이것과 함께 앞으로의 더 깊이 있는 12운성의 연구를 하는 후학들에게 이 책이 마중물이 되기를 바란다.

제자들의 성원에 감사드립니다.

2025년 여름에

12운성을 알면
사주가 보인다

ⓒ 法性 정기택, 2025

초판 1쇄 발행 2025년 8월 14일

지은이	法性 정기택
펴낸이	이기봉
편집	좋은땅 편집팀
펴낸곳	도서출판 좋은땅
주소	서울특별시 마포구 양화로12길 26 지월드빌딩 (서교동 395-7)
전화	02)374-8616~7
팩스	02)374-8614
이메일	gworldbook@naver.com
홈페이지	www.g-world.co.kr

ISBN 979-11-388-4595-3 (03180)

- 가격은 뒤표지에 있습니다.
- 이 책은 저작권법에 의하여 보호를 받는 저작물이므로 무단 전재와 복제를 금합니다.
- 파본은 구입하신 서점에서 교환해 드립니다.